FRANCÊS
5 em MINUTOS DIÁRIOS

Falando sua língua

FRANCÊS em 5 MINUTOS DIÁRIOS

Tradução

Luciana Garcia
Luiza M. A. Garcia

martins fontes
selo martins

© 2014 Martins Editora Livraria Ltda., São Paulo, para a presente edição.
© 2009 Berlitz Publishing/APA Publications GmbH & Co. Verlag KG,
Singapore Branch, Singapore
Esta obra foi originalmente publicada em inglês
sob o título *5-Minute French* por APA Publications GmbH & Co. Verlag KG.

Todos os direitos reservados.
Berlitz Trademark Reg. US Patent Office and other countries. Marca Registrada.
Used under license from Apa Publications (UK) Ltd.

Publisher	*Evandro Mendonça Martins Fontes*
Coordenação editorial	*Vanessa Faleck*
Produção editorial	*Heda Maria Lopes*
Projeto de capa	*Marcela Badolatto*
Projeto gráfico	*Booklinks Publishing Services*
Diagramação	*Edinei Gonçalves*
Tradução	*Luciana Garcia*
	Luiza M. A. Garcia
Preparação	*Pamela Guimarães*
Revisão	*Renata Sangeon*
	Juliana Amato Borges

1ª edição fevereiro/2014 **1ª reimpressão** dezembro/2014
Fonte Futura **Papel** Offset 90 g/m^2
Impressão e acabamento Yangraf

**Dados Internacionais de Catalogação na Publicação (CIP)
(Câmara Brasileira do Livro, SP, Brasil)**

Francês em 5 Minutos Diários / APA Publications (UK) Limited; traduzido por Luciana Garcia, Luiza M. A. Garcia. -- 1. ed. -- São Paulo: Martins Fontes – selo Martins, 2013. -- (Série 5 minutos diários.)

Título original: 5-Minute French.

ISBN: 978-85-8063-122-7

1. Francês – Estudo e ensino I. APA Publications. II. Série.

13-10586   CDD-440.7

Índices para catálogo sistemático:
1. Francês : Estudo e ensino 440.7

Nenhuma parte desta obra pode ser reproduzida, armazenada em sistema de recuperação ou transmitida de nenhuma forma ou meio eletrônico ou mecânico, inclusive por fotocópia, gravação ou outro, sem a prévia permissão por escrito de APA Publications.

Todos os direitos desta edição reservados à
Martins Editora Livraria Ltda.
Av. Dr. Arnaldo, 2076
01255-000 São Paulo SP Brasil
Tel.: (11) 3116 0000
info@emartinsfontes.com.br
www.martinsfontes-selomartins.com.br

Sumário

Como usar este livro 07
Pronúncia 08

UNIDADE 1 — Cumprimentos e apresentações

Lição 1: Bonjour ! 10
Lição 2: Frases úteis 11
Lição 3: Palavras úteis 12
Lição 4: Gramática 13
Lição 5: D'où venez-vous ? 14
Lição 6: Palavras úteis 15
Lição 7: Frases úteis 16
Lição 8: Gramática 17
      Unidade 1 Revisão 18

UNIDADE 2 — Substantivos e números

Lição 1: La carte postale 19
Lição 2: Palavras úteis 20
Lição 3: Frases úteis 21
Lição 4: Gramática 22
Lição 5: L'identité 23
Lição 6: Palavras úteis 24
Lição 7: Frases úteis 25
Lição 8: Gramática 26
      Unidade 2 Revisão 27

UNIDADE 3 — Hora e data

Lição 1: Quelle heure est-il ? 28
Lição 2: Frases úteis 29
Lição 3: Palavras úteis 30
Lição 4: Gramática 31
Lição 5: À faire 32
Lição 6: Palavras úteis 33
Lição 7: Frases úteis 34
Lição 8: Gramática 35
      Unidade 3 Revisão 36

UNIDADE 4 — Família

Lição 1: Photo de famille 37
Lição 2: Palavras úteis 38
Lição 3: Frases úteis 39
Lição 4: Gramática 40
Lição 5: Arbre généalogique 41
Lição 6: Palavras úteis 42
Lição 7: Frases úteis 43
Lição 8: Gramática 44
      Unidade 4 Revisão 45

UNIDADE 5 — Refeições

Lição 1: J'ai faim ! 46
Lição 2: Palavras úteis 47
Lição 3: Frases úteis 48
Lição 4: Gramática 49
Lição 5: Dans un restaurant 50
Lição 6: Palavras úteis 51
Lição 7: Frases úteis 52
Lição 8: Gramática 53
      Unidade 5 Revisão 54

UNIDADE 6 — Clima e temperatura

Lição 1: Quel temps fait-il ? 55
Lição 2: Palavras úteis 56
Lição 3: Frases úteis 57
Lição 4: Gramática 58
Lição 5: Qu'est-ce que vous faites ? 59
Lição 6: Frases úteis 60
Lição 7: Palavras úteis 61
Lição 8: Gramática 62
      Unidade 6 Revisão 63

Sumário

UNIDADE 7 — Compras

Lição 1: Le magasin de vêtements	64
Lição 2: Frases úteis	65
Lição 3: Palavras úteis	66
Lição 4: Gramática	67
Lição 5: Comment voulez-vous payer ?	68
Lição 6: Frases úteis	69
Lição 7: Palavras úteis	70
Lição 8: Gramática	71
Unidade 7 Revisão	72

UNIDADE 8 — Viagens e férias

Lição 1: Où est la gare ?	73
Lição 2: Palavras úteis	74
Lição 3: Frases úteis	75
Lição 4: Gramática	76
Lição 5: Arrivées et départs	77
Lição 6: Palavras úteis	78
Lição 7: Frases úteis	79
Lição 8: Gramática	80
Unidade 8 Revisão	81

UNIDADE 9 — Profissões

Lição 1: Entretien de travail	82
Lição 2: Palavras úteis	83
Lição 3: Frases úteis	84
Lição 4: Gramática	85
Lição 5: Une demande d'emploi	86
Lição 6: Palavras úteis	87
Lição 7: Frases úteis	88
Lição 8: Gramática	89
Unidade 9 Revisão	90

UNIDADE 10 — Em casa/Saindo para passear

Lição 1: Aide-moi !	91
Lição 2: Palavras úteis	92
Lição 3: Frases úteis	93
Lição 4: Gramática	94
Lição 5: Où est-ce que tu es allé ?	95
Lição 6: Palavras úteis	96
Lição 7: Frases úteis	97
Lição 8: Gramática	98
Unidade 10 Revisão	99

UNIDADE 11 — Corpo e saúde

Lição 1: Je suis malade	100
Lição 2: Palavras úteis	101
Lição 3: Frases úteis	102
Lição 4: Gramática	103
Lição 5: La médecine	104
Lição 6: Palavras úteis	105
Lição 7: Frases úteis	106
Lição 8: Gramática	107
Unidade 11 Revisão	108

Glossário	109
Respostas	118

Como usar este livro

Ao usar *Francês em 5 minutos diários*, em pouco tempo você poderá começar a falar francês. O programa *Francês em 5 minutos diários* apresenta um novo idioma e capacita o estudante a falar imediatamente. Reserve alguns minutos antes ou depois do trabalho, à noite, antes de dormir, ou em qualquer horário que lhe pareça adequado para manter a disciplina de uma aula diária. Se quiser, você pode até mesmo avançar e praticar duas aulas por dia. Divirta-se enquanto estiver aprendendo: você falará francês antes do que imagina.

- O livro está dividido em 99 lições. Cada uma delas oferece a oportunidade de um aprendizado prático que pode ser concluído em poucos minutos.
- Cada unidade possui 8 lições, que apresentam vocabulário-chave, frases e outras informações necessárias à prática cotidiana do idioma.
- Uma revisão ao final de cada unidade proporciona a oportunidade de testar o seu conhecimento antes de prosseguir.

- Por meio da linguagem e atividade cotidianas, são apresentados o vocabulário, as frases e a gramática abordados nas lições. Você verá diálogos, cartões-postais, e-mails e outros tipos comuns de correspondência em francês.
- Você poderá ouvir os diálogos, os artigos, os e-mails e outros textos no CD de áudio do *Francês em 5 minutos diários*.

Áudio – Francês em 5 minutos diários

Ao ver este ícone , você saberá que deve ouvir a faixa correspondente do CD de áudio do *Francês em 5 minutos diários*.

- Nas lições, você encontrará frases úteis para as conversas do dia a dia. Você poderá ouvi-las no programa de áudio.
- As "Frases extras" enriquecerão seu conhecimento e entendimento do francês cotidiano. Embora elas não sejam praticadas nas atividades, estão presentes para quem quiser aprendê-las.

DICA

Estes boxes estão presentes para expandir seu conhecimento do francês. Você encontrará as diferenças de uso entre os países de língua francesa, como também convenções extras e outras informações úteis para melhor falar o idioma.

- As "Palavras essenciais" trazem o vocabulário relacionado ao tema da aula. Em algumas lições, essas palavras são divididas em subcategorias. Você poderá ouvi-las em nosso programa de áudio.
- As "Palavras extras" complementam o vocabulário.

DICA CULTURAL

Estes boxes apresentam informações culturais úteis sobre países de língua francesa.

- Não se assuste. A gramática abrange as partes básicas do discurso que você precisa conhecer para falar francês de maneira fácil e fluente.
- Do emprego de verbos à formulação de perguntas, o programa *Francês em 5 minutos diários* proporciona explicações e exemplos rápidos e fáceis sobre como utilizar essas estruturas.

DICA DE PRONÚNCIA

Estes boxes ensinam ferramentas específicas de pronúncia. Por exemplo, você sabia que geralmente a consoante final não é pronunciada? Você aprenderá mais a cada nova lição!

Unidade **Revisão** Aqui você terá a chance de praticar o que aprendeu.

Desafio
Amplie ainda mais seu conhecimento com uma atividade desafiadora.

Atividade na internet

- As atividades na internet o levam ao site **www.berlitzbooks.com/5minute**, no qual você poderá testar suas habilidades relacionadas ao novo idioma. Basta procurar o ícone do computador.

Pronúncia

Esta seção foi desenvolvida para que você se familiarize com os sons do francês. Para isso, foi usada uma descrição fonética bastante simplificada, que parte de exemplos dos sons de nossa língua. No entanto, nem sempre há equivalentes no português. Nesses casos, os exemplos aproximados apresentados aqui e principalmente o uso frequente do CD de áudio que acompanha este livro poderão auxiliá-lo a chegar a uma pronúncia eficaz para a comunicação.

Em francês, a última sílaba pronunciada sempre será a mais forte; os acentos gráficos não alteram essa regra.

A consoante final geralmente não é pronunciada, mas, quando antecede uma palavra iniciada por vogal, ela é com frequência pronunciada junto com a vogal que inicia a palavra seguinte.

Consoantes

Em geral, as consoantes têm, em francês, relativamente a mesma correspondência da grafia e do som da língua portuguesa.

Letra	Pronúncia aproximada	Exemplo
cc	1. antes de **e** e **i**, como som de **x** em a**x**ioma 2. nos outros casos, como **c** de **c**asa	a**cc**essible d'a**cc**ord
ch	som de **ch**, como em **ch**uva	**ch**ercher
ç	como em ca**ç**a	**ç**a
g	1. antes de **e**, **i** e **y**, como o **g** de ti**g**ela 2. antes de **a**, **o** e **u**, como o **g** de **g**orjeta 3. som de **nh**, como em li**nh**a	man**g**er **g**arçon li**gn**e
h	mudo, em **h**omem	**h**omme
j	som de **j**, como em **j**anela	**j**amais
l	som de **l**, como em **l**ivro	**l**aisser
ll	antes de -**i**, pronuncia-se como **i** prolongado	fami**ll**e
ph	som de **f**, como em **f**armácia	**ph**armacie
qu	igual ao português, como **qu** em **qu**eijo	**qu**i
r	mais forte e mais gutural do que o **r** em português	**r**ouge
w	1. som de **v**, como em **v**agão 2. som da semivogal **u** do português, como em **u**ai	**w**agon **w**eek-end

Pronúncia

Vogais

Letra	Pronúncia aproximada	Exemplo
a, à	mesma pronúncia do **a** em português	m**a**ri, P**a**ris
â	**a** prolongado	p**â**te
e	fechado: mesma pronúncia do **e** em português	j**e**
é, ez	fechado: mesma pronúncia do **e** em português	**é**té, av**ez**
è, ê	aberto, como em p**é**	m**ê**me, m**è**re
i	mesma pronúncia do **i** em português	l**i**bre
o, ô	mesma pronúncia do **o** em português	d**o**nner
u	não tem som equivalente em português; fica entre o **-u** e **-i** do português	**u**ne

Pronúncia de duas ou mais vogais juntas

Grupo de vogais	Pronúncia aproximada	Exemplo
ai, ay, aient, ais, ait, aî, ei	som de **e** aberto, como em caf**é**	j'**ai** v**ais**
au, eau	som de **o** fechado, como em av**ô**	ch**au**d
eu, eû, œu	som fica entre **e** e **o**	**eu**ro, p**eu**
euil, euille	pronuncia-se *éyi, éyie*	f**euille**
ail, aille	pronuncia-se *áyi, áyie*	t**aille**
oi, oy	som de **uá**, como em ac**ua**do	m**oi**
ou, oû	som de **u**, como em m**u**do	n**ou**veau
ui	som de **uí**, como em **uí**sque	trad**ui**re

Unidade 1 — Cumprimentos e apresentações

Nesta unidade você aprenderá:
- cumprimentos.
- a dizer o seu nome e de onde você é.
- os pronomes pessoais e o verbo *être*.
- frases comuns sobre nacionalidades e países.

LIÇÃO 1 — Bonjour !

Diálogo

Martine conhece seu novo vizinho, Pierre. Ouça Martine se apresentando e perguntando a Pierre de onde ele é.

Martine Bonjour. Je m'appelle Martine. Comment vous appelez-vous ?

Pierre Je m'appelle Pierre. Enchanté.

Martine Je suis française. Et vous, d'où venez-vous ?

Pierre Je suis belge.

Martine Enchantée, Pierre.

Pierre Également. Au revoir.

Atividade A

Circule **V** para verdadeiro e **F** para falso.

1. Esse encontro ocorre durante o dia. V / F
2. Pierre está feliz em conhecer Martine. V / F
3. Martine é da Suíça. V / F
4. Pierre é da Bélgica. V / F

Atividade B

Complete as lacunas abaixo com frases e perguntas do diálogo.

Je m'appelle Martine. _____ ?

Je m'appelle Pierre. _____ .

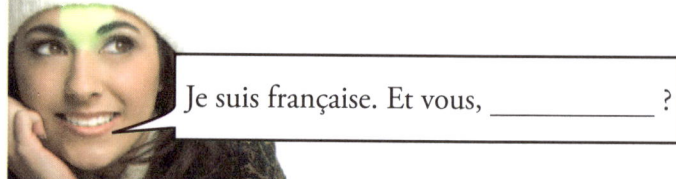

Je suis française. Et vous, _____ ?

Je suis _____ .

DICA CULTURAL

Na França, amigos e parentes geralmente se cumprimentam com um beijo, *le bisou* ou *la bise*. Eles costumam dar dois beijos, um em cada bochecha, mas isso varia conforme a região. Em Provence, por exemplo, eles podem se cumprimentar com três beijos, enquanto em Nantes podem ser dados quatro.

LIÇÃO 2
Frases úteis

DICA

Assim como em português, o francês também faz distinção de gênero nos adjetivos e substantivos. Na maioria dos casos, acrescenta-se a letra **e** à forma masculina para compor a feminina.
Exemplo: enchanté/enchanté**e**, français/français**e**.

Frases essenciais

À bientôt.	Até logo.
Au revoir !	Adeus!
Bon après-midi.	Boa tarde.
Bonjour.	Bom dia.
Bonjour !	Olá!
Bonne nuit.	Boa noite. (Utiliza-se apenas no momento de dormir.)
Bonsoir.	Boa noite.
Comment vous appelez-vous ?	Como você se chama?
D'où venez-vous ?	De onde você é?

Frases extras

Bien, merci.	Bem, obrigado.
Ça va ?	Tudo bem?
Ça va.	Tudo bem.
Également.	Igualmente.
Enchanté/Enchantée.	Encantado(a)/Prazer em conhecê-lo(a)
Je m'appelle _____.	Eu me chamo _____.

DICA

Em francês coloca-se um espaço antes dos seguintes sinais de pontuação: dois-pontos, ponto e vírgula, interrogação, exclamação e aspas. No caso destas últimas, o símbolo utilizado é " ".

Atividade A

O que você diz quando quer…

1 cumprimentar alguém?

   _____

2 perguntar o nome de alguém?

   _____

3 perguntar a uma pessoa de onde ela é?

   _____

4 se despedir de alguém?

   _____

Atividade B

Para cada imagem abaixo, escreva o cumprimento adequado: *Bonjour*, *Bon soir* ou *Bonne nuit*.

1 _____

2 _____

3 _____

Cumprimentos e apresentações · Unidade 1

LIÇÃO 3 — Palavras úteis

DICAS

Para se lembrar do nome dos países em francês:
- em seu dia a dia, ao se deparar com o nome de algum país, leia-o em francês.
- crie cartões didáticos e leia-os em voz alta.

Palavras essenciais

la Belgique		Bélgica
le Canada		Canadá
les États-Unis		Estados Unidos
la France		França
le Royaume-Uni		Reino Unido
le Sénégal		Senegal

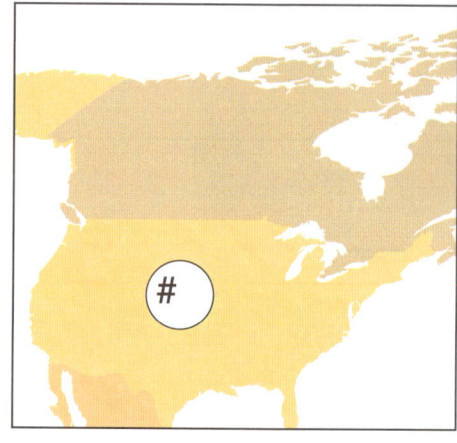

l'Amérique du Nord
América do Norte

Atividade A

Nos mapas, escreva o número que corresponde a cada país.

1. la France
2. le Sénégal
3. les États-Unis
4. la Belgique
5. le Royaume-Uni

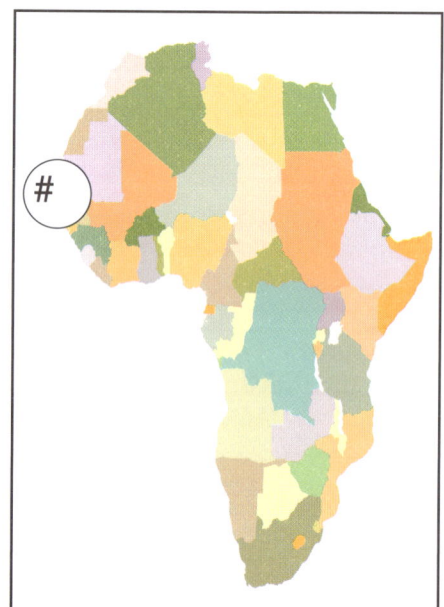

l'Afrique
África

l'Europe
Europa

Atividade B

Relacione o nome do país à sua bandeira.

1. le Canada
2. la Belgique
3. la France
4. le Royaume-Uni

LIÇÃO 4 — Gramática

Pronomes pessoais

je	eu
tu	tu/você (inf.)
il/elle	ele/ela
nous	nós
vous	vós/vocês (form.)
ils/elles	eles/elas

Abreviações

masculino	m	singular	sing.	informal	inf.
feminino	f	plural	pl.	formal	form.

Atividade A

Escreva o pronome pessoal singular para cada imagem.

1 _____ eu

2 _____ ela

3 _____ ele

4 _____ você (inf.)

Atividade B

Escreva o pronome pessoal plural para cada imagem.

1 _____ elas

2 _____ eles

3 _____ nós

4 _____ nós

Atividade C

Escreva o pronome pessoal que você usaria para falar de…

1 si mesmo. _____
2 uma mulher. _____
3 um homem. _____
4 um grupo de mulheres. _____
5 um grupo de homens. _____

DICAS

- Quando conhecer uma pessoa, dirija-se a ela usando *vous* e use-o até que você tenha adquirido intimidade o suficiente para utilizar o pronome *tu*. Quando for se dirigir a um grupo de pessoas mais velhas ou em situações formais, use sempre *vous*.
- O pronome pessoal *on* é geralmente usado com o sentido de *a gente* ou como pronome impessoal.

LIÇÃO 5

D'où venez-vous ?

Les langues et les nationalités

Le français est la langue officielle de trente pays, comme la France, le Canada, la Belgique, la Suisse, Haïti et le Cameroun. Le français est aussi une langue non-officielle dans d'autres pays comme le Maroc et l'Algérie. Le tableau vous donne des exemples de pays, de nationalités et de langues.

Pays	Nationalité	Langue
la Belgique	belge	français, néerlandais, allemand
le Cameroun	camerounais/camerounaise (m/f)	français, anglais
le Canada	canadien/canadienne (m/f)	français, anglais
la France	français/française (m/f)	français
Haïti	haïtien/haïtienne (m/f)	français, créole
la Suisse	suisse	français, italien, allemand, romanche
le Brésil	brésilien/brésilienne (m/f)	portugais

De onde você é?

Leia o artigo sobre os países francófonos e as nacionalidades. Sublinhe as palavras que você já conhece ou que forem similares às do português. Em seguida, leia a tradução.

Atividade A

Complete o quadro abaixo com as palavras do artigo. A primeira resposta já foi dada.

país	pays
língua	
nacionalidade	
francês	
brasileiro	

Atividade B

Observe o texto do artigo e a tabela. Depois circule a resposta correta.

1. Alguém do Canadá é
   - **a** anglais/anglaise
   - **b** canadien/canadienne

2. Alguém da Bélgica é
   - **a** belge
   - **b** français/française

3. As pessoas no Haiti falam
   - **a** haïtien
   - **b** français

4. O francês é a língua oficial em trinta
   - **a** pays
   - **b** langues

Língua e nacionalidade

O francês é a língua oficial de trinta países, como França, Canadá, Bélgica, Suíssa, Haiti e Camarões. Fala-se francês também em outros países, como Marrocos e Argélia, mas não como língua oficial.

A tabela acima apresenta alguns exemplos de países, sua nacionalidade e seu idioma.

DICA

Assim como no português, em francês não se costuma usar letras maiúsculas em línguas em nacionalidades, exceto quando se usa um adjetivo de nacionalidade como substantivo. Exemplo: *les Belges* (os belgas).

LIÇÃO 6
Palavras úteis

Atividade B
Utilize o vocabulário do quadro para identificar a nacionalidade de cada prato.

> canadienne   anglaise   française
> américaine   espagnole

Palavras essenciais

américain/américaine — americano/americana
anglais/anglaise — inglês/inglesa
australien/australienne — australiano/australiana
canadien/canadienne — canadense
espagnol/espagnole — espanhol/espanhola
français/française — francês/francesa
suisse — suíço/suíça

Palavras extras

allemand/allemande — alemão/alemã
belge — belga
portugais/portugaise — português/portuguesa
irlandais/irlandaise — irlandês/irlandesa
italien/italienne — italiano/italiana
brésilien/brésilienne — brasileiro/brasileira

Atividade A
Escreva a nacionalidade correta de cada pessoa.

 1 (francesa) Hélène est _____.
    belge/française

 2 (americana) Sarah est _____.
    américaine/anglaise

 3 (inglês) Tim est _____.
    anglais/canadien

 4 (australiano) Matthew est _____.
    irlandais/australien

 1 _____

 2 _____

 3 _____

 4 _____

 5 _____

DICA
Na atividade B, foram utilizadas as formas femininas porque o que deveria ser identificado era *la nationalité*, que, assim como em português, é um substantivo feminino.

LIÇÃO 7
Frases úteis

Frases essenciais

Vous êtes anglais/anglaise ?	Você é inglês/inglesa?
Je suis canadien.	Eu sou canadense.
Parlez-vous français ?	Você fala francês?
Un peu.	Um pouco.
Je parle bien/mal.	Falo bem/mal.

DICA CULTURAL

Em alguns países de língua francesa, você pode ouvir dizerem bem rápido *J'suis* em vez de *Je suis*, principalmente quando se fala com pessoas mais jovens. Trata-se de algo exclusivo da linguagem oral, que você jamais encontrará em um texto escrito em francês.

Atividade A

O que você diz quando quer…

1. perguntar se uma pessoa é francesa? _____
2. dizer que você fala bem uma língua? _____
3. dizer que você sabe falar um pouco de uma língua? _____

Sua vez

Imagine que você acabou de conhecer alguém enquanto viaja pela França. Use as frases e o vocabulário que você aprendeu para criar o diálogo. Pergunte qual a nacionalidade e a língua que ele/ela fala. Escreva as perguntas na coluna "Você" e as respostas na coluna "Ele(a)".

Você	Ele(a)
P1	R1
P2	R2

LIÇÃO 8 — Gramática

O verbo *être* (ser/estar)

O verbo *être* tem muitos usos, dentre eles:

- apresentar-se a alguém;
- dizer a nacionalidade de uma pessoa.

Singular

je	suis	eu sou
tu	es	tu és/você é
il/elle	est	ele/ela é

Exemplos

Je suis Lisa.   Eu sou Lisa.
C'est André.   Este é André.

Atividade A

Complete as lacunas com a forma correta do verbo *être*.

1 Je _____ Julien.
2 Tu _____ canadien/canadienne ?
3 _____-tu français/française ?
4 C'_____ Marie.

Plural

nous	sommes	nós somos
vous	êtes	vós sois/vocês são
ils/elles	sont	eles/elas são

Exemplos

Nous sommes français.   Nós somos franceses.
Vous êtes suisse.   Vocês são suíços (pl.)/
                           Você é suíço. (sing.)

Atividade B

Complete as lacunas com a forma correta do verbo *être*.

1 Vous _____ américain(s)/américaine(s).
2 Nous _____ suisses.
3 Ils _____ allemands.
4 Elles _____ portugaises.

Sua vez

Eve, Didier e Pauline acabaram de se conhecer. Complete a conversa entre eles com a forma correta do verbo *être*.

Didier (para Eve)
D'où venez-vous ? Vous ____ canadienne ?

Eve (para Didier e Pauline)
Non, je viens du Royaume-Uni. Je ____ anglaise. Et vous, vous _____ français ?

Didier Je _____ français et Pauline ____ suisse.

DICA

Em francês, as interrogações podem ser formadas de duas maneiras: levantando a entonação no final da frase, como em *Vous êtes brésilien ?*; ou invertendo a frase como em *Êtes-vous brésilien ?*. Ambas as construções são aceitas nas formas escrita e oral da língua francesa.

Unidade 1 — Revisão

Atividade A
Complete o quadro abaixo.

Nom	Pays	Nationalité
Madeleine		française
Paul	la Belgique	
Claire		canadienne
Brian	les États-Unis	
Katie		anglaise

Atividade B
Use o verbo *être* para escrever uma frase que indique a nacionalidade de cada pessoa.

Exemplo Pauline, le Royaume-Uni: <u>Pauline est anglaise.</u>

1. tu, les États-Unis:
   _____

2. Lisa, l'Espagne:
   _____

3. vous, le Canada:
   _____

4. Émile, la France:
   _____

Atividade C
Alex está visitando a França. Complete o diálogo entre ele e o *guide touristique* (guia turístico).

Guide _____ ! Bienvenue en France !

Alex Bonjour ! _____ Alex Cromwell. Et vous, _____ ?

Guide _____ Marc. Enchanté.

Alex Enchanté. _____ français ?

Guide Oui. _____ ?

Alex _____ des États-Unis. _____ anglais ?

Guide Un peu.

Alex Je parle _____ et _____.

Guide Bien !

Alex _____, Marc.

Guide Au revoir !

Atividade D
Encontre no caça-palavras os países e as nacionalidades do quadro abaixo. Eles podem estar escritos na horizontal, na vertical ou na diagonal.

Canada	France	anglais	États-Unis
français	Sénégal	canadienne	

```
L E S É T A T S U N I S S S O S
É Y P I O S E É N Ç N A I É L B
N A A T L C S N A N A D A N A C
A D A N N C A É U D P O L É A B
C A N A D I E N N E P C G G E E
Á U R A N A D É E N S E N A H L
E F R A N Ç A I S G N W A L U G
B E L G I Q U E N E Q O S Á D E
```

Desafio
Você consegue encontrar as palavras Bélgica e belga em francês no caça--palavras? Escreva-as abaixo.

Bélgica _____

belga _____

Atividade E
Corrija o erro de cada frase. Depois, escreva a frase corrigida.

1. Au revoir ! Je m'appelle Laure. _____
2. Nous sont du Canada. _____
3. Corinne est de la Belgique. Corinne est française. _____
4. Marc est américaine. _____
5. Je parle suisse. _____
6. Annie est canadien. _____

Atividade na internet
Você gostaria de conhecer mais nomes de origem francesa? Acesse **www.berlitzbooks.com/5minute** para encontrar uma lista de sites que trazem nomes franceses. Selecione três ou quatro dos que você mais gostar. Pratique a pronúncia repetindo-os em voz alta. Depois, complete a frase *Je m'appelle...* utilizando cada um deles.

Unidade 2 — Substantivos e números

Nesta unidade você aprenderá:
- a identificar pessoas, animais, coisas e os números de 1 a 30.
- as diferenças entre o masculino e o feminino, o singular e o plural dos substantivos.
- a usar os artigos definidos e os verbos regulares terminados em *-er* e *-ir*.
- a preencher um formulário com informações pessoais.
- a pedir números de telefone e endereços.

LIÇÃO 1 — La carte postale

Um cartão-postal da França

Observe a frente e o verso de *la carte postale* (cartão-postal). Leia o texto e, depois, circule as palavras que indicam pessoas, coisas ou animais.

Chère Hélène,

Estou me divertindo muito em Paris e finalmente aprendendo um pouco de francês. Veja a imagem! Regarde le photo ! Regarde les animaux. Regarde les chats et les chiens. Regarde les gens ! Regarde les garçons, les filles, les hommes et les femmes. Este lugar é muito legal. Eu gosto muito de les maisons et les immeubles. Regarde les voitures et les autobus. Eles são tão coloridos! Esta foto mostra les personnes, les animaux et les choses que eu estou vendo.

Estou com saudades. Tu me manques.

Ps: Como está o meu français ?

Robert

Ms. Hélène Seurat
CEP 12345
São Paulo-SP
Brasil

Atividade B

Escreva as palavras em francês do cartão-postal que se referem...

1 a pessoas.

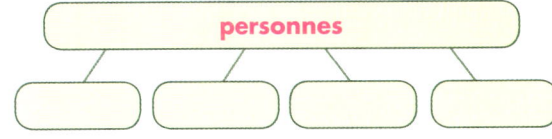

2 a coisas.

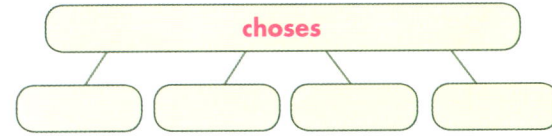

3 a animais.

Atividade extra

Se você conhece outras palavras para pessoas, animais e coisas, acrescente-as nos espaços acima.

Atividade A

Circule **V** para verdadeiro e **F** para falso.

1 Robert está visitando a França. **V / F**
2 O cartão-postal de Robert descreve montanhas e rios. **V / F**
3 Roberto gosta das casas e dos edifícios. **V / F**
4 O cartão-postal descreve carros e ônibus coloridos. **V / F**

> **DICA**
> Note que as palavras usadas para pessoas, animais e coisas no cartão-postal terminam em *-s*, *-es* ou *-aux*. Essas formas são do plural. Essas palavras no singular são *chat, chien, garçon, fille, homme, femme, maison, immeuble* e *voiture*.

LIÇÃO 2
Palavras úteis

DICA
A maioria dos substantivos terminados em *-e*, *-ée*, *-té* e *-ion* é feminina, como *la fille* (menina) e *la nation* (nação). A maioria dos que terminam em *-age*, *-eau*, *-ail* e em consoante é masculina, como *l'oiseau* (pássaro), *le travail* (trabalho) e *le chat*. No entanto, há exceções a essa regra, por isso a melhor maneira de aprender o gênero dos substantivos é memorizando o artigo que o precede.

Palavras essenciais

 la fille — menina
 le garçon — menino
 l'homme — homem
 la femme — mulher

 l'oiseau — pássaro
le chat — gato 
 le chien — cachorro

 l'autobus — ônibus
 la voiture — carro

 la rue — rua
 la maison — casa
 l'immeuble — edifício

Atividade A
Escreva a palavra em francês para cada item nas imagens.

1

2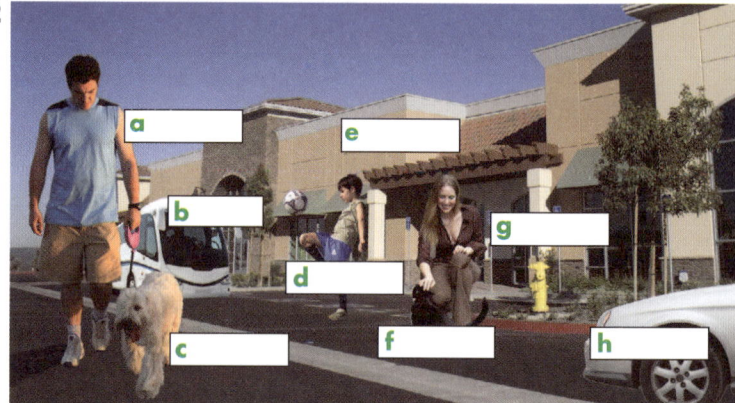

Atividade B
Escreva *féminin* (feminino) ou *masculin* (masculino) para classificar cada substantivo.

1 chien _____
2 garçon _____
3 voiture _____
4 rue _____
5 immeuble _____
6 maison _____
7 chat _____
8 autobus _____

DICA CULTURAL
Há algumas outras maneiras de dizer "carro" em francês. Enquanto a maioria das pessoas costuma dizer *la voiture*, algumas outras dizem *la bagnole* ou *la caisse*, que são gírias. Também é possível dizer *gnolba* (o contrário de *bagnole*) ou *turvoi* (o contrário de *voiture*). *Gnolba* e *turvoi* são palavras em *verlan*, tipo de gíria no qual as palavras são ditas ao contrário, muito utilizado entre os jovens franceses.

Unidade 2 — Substantivos e números

LIÇÃO 3
Frases úteis

DICA

Observe ce conseil ! (Preste atenção nessa dica!) Em francês, as instruções são formadas pelas formas verbais dos pronomes *vous*, *nous* e *tu*, retirando-se o *-s* do final. Na imagem abaixo, *regardes* torna-se *regarde*.

Frases essenciais

Regarde les gens !	Veja as pessoas!
Regarde les animaux !	Veja os animais!
Cher/Chère _____.	Caro/Cara _____.
Je m'amuse bien.	Estou me divertindo bastante.
Tu me manques.	Sinto saudades de você.

Atividade A

Laura está passeando com Émile. Enquanto eles caminham, ela aponta pessoas e animais. Escreva uma frase em cada balão para indicar o que Laura está mostrando a Émile.

1 _____
_____

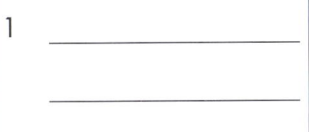

2 _____
_____

Atividade B

Ajude Laura a escrever um cartão-postal para uma amiga completando os espaços em branco.

_____ Elaine,

Je m'amuse bien ici, et j'apprends (un peu) de _____. _____ les gens !

Regarde les _____ ! Regarde le _____ ! _____ les animaux !

Tu me _____.

Laure

LIÇÃO 4 — Gramática

O singular e o plural dos substantivos

Para formar o plural dos substantivos, a regra geral é adicionar -s ao final da palavra. Entretanto, existem algumas exceções:

- Quando os substantivos masculinos terminam em -s, -x ou -z, mantém-se a mesma forma: *le nez* (nariz)/ *les nez*.

- Se terminar em -eu ou -eau, adiciona-se -x: *l'oiseau*/ *les oiseaux*.

- Se o substantivo masculino terminar em -ail ou -al, adiciona-se -aux: *l'animal/les animaux*.

- Para os que terminam em -ou, acrescenta-se -x em vez de -s: *le genou* (joelho)/ *les genoux*.

Atividade A

Escreva a forma plural dos substantivos abaixo.

1  homme  _____

2 sac   _____

3 crayon  _____

4  oiseau  _____

DICA

Quando um substantivo começa com vogal, *le* e *la* são contraídos a *l'*. Por exemplo: em vez de dizer *le animal*, deve-se dizer *l'animal*.

Artigos definidos

Concordam com o substantivo em gênero e número.

le   (m, sing.)
la   (f, sing.)
les (m/f, pl.)

Atividade B

Escreva o artigo definido correto para cada um dos substantivos abaixo.

1 _____ garçon
2 _____ rue
3 _____ chiens
4 _____ femmes
5 _____ fille
6 _____ autobus

Atividade C

Veja as imagens e escreva o artigo definido e o substantivo que correspondem a cada uma delas.

1 _____

2 _____

3 _____

4 _____

Sua vez

Veja se você é capaz de adivinhar os artigos destes substantivos.

1 ___ porte (porta)
2 ___ lettres (cartas)
3 ___ papier (papel)
4 ___ bateau (barco)
5 ___ poubelle (lixeira)

LIÇÃO 5
L'identité

Identificação de estudante
Jennifer está no avião a caminho de Lyon, na França. Compare o passaporte dela com o cartão de desembarque.

Atividade A
Ligue cada palavra a sua respectiva tradução.

1	adresse	a	data de nascimento
2	nom	b	sobrenome
3	rue	c	endereço
4	date de naissance	d	rua

Atividade B
Jennifer vai estudar francês em uma escola em Lyon. Use as informações acima para informar seu endereço no formulário.

DICA CULTURAL

A França é dividida administrativamente em três níveis: *communes*, *départements* e *régions*. As *communes* são o menor nível: compõem as vilas e cidades da França, desde Paris e Marselha até vilas rurais. *Départements* são maiores do que as *communes*. Cada *département* é identificado por um número. No total são 96 *départements* no território francês continental e quatro em territórios além-mar. *Régions* correspondem ao nível mais alto (26 no total, incuindo os territórios além-mar). Eles são anteriores à Revolução e variam bastante em termos de características, tradições e culinária.

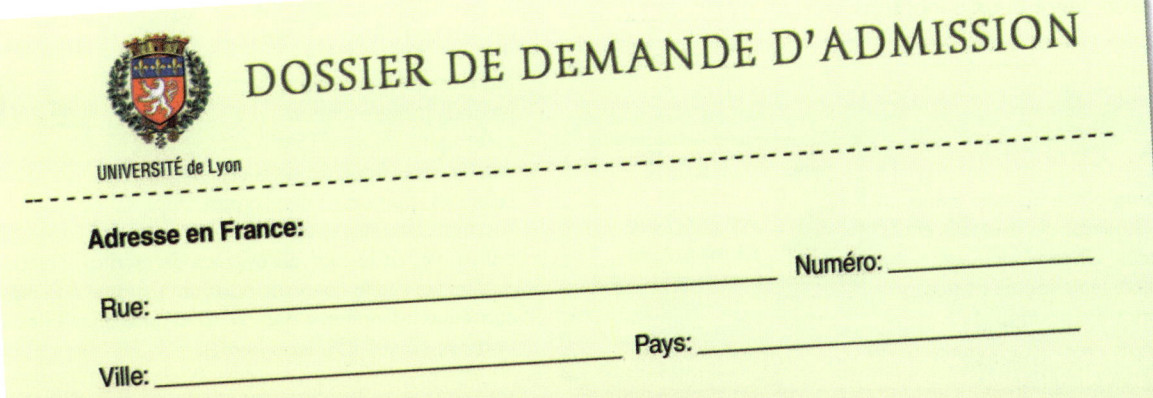

Substantivos e números — Unidade 2

LIÇÃO 6 — Palavras úteis

Palavras essenciais

Les numéros (números)

zéro	0	onze	11
un	1	douze	12
deux	2	treize	13
trois	3	quatorze	14
quatre	4	quinze	15
cinq	5	seize	16
six	6	dix-sept	17
sept	7	dix-huit	18
huit	8	dix-neuf	19
neuf	9	vingt	20
dix	10	trente	30

Informations personnelles (informações pessoais)

l'adresse	endereço
l'avenue	avenida
le numéro	número
le téléphone	telefone

Atividade A
Identifique a sequência dos números dix-sept, dix-huit e vingt-et-un, vingt-deux, vingt-trois. Depois, escreva-os completando as lacunas abaixo.

seize, dix-sept, dix-huit, _____, vingt,

vingt-et-un, vingt-deux, vingt-trois, _____, _____,

_____, _____, _____, _____, trente

DICA
Veja na placa ao lado como são algumas abreviações em francês. Observe que são praticamente iguais às que usamos em português:
avenue   Av   numéro   N°   téléphone   Tél

Conseil
N° 29
Av Matisse
Tél 914 617 585

Atividade B
Leia em voz alta os números de 1 a 30 em francês. Depois, ligue cada algarismo à sua forma por extenso.

1	dix	4	douze
6	un	9	quinze
13	trente	12	quatorze
18	six	15	quatre
10	treize	22	vingt-deux
30	dix-huit	14	neuf

Atividade C
Traduza as informações abaixo para o português. Quando possível, troque a forma escrita pela numérica.

1 Rue quatorze

   _____

2 Av Victor Hugo, N° vingt-six

   _____

3 Tél: un-sept-huit trois-sept-cinq quatre-deux-un--neuf

   _____

4 Code Postal: trois-huit-zéro-zéro-un

   _____

DICA CULTURAL
Na França, a maioria das pessoas prefere mandar mensagens de texto (SMS) em vez de fazer ligações de seus celulares, porque as mensagens são mais baratas e rápidas. Entretanto, as formas abreviadas de escritas, típicas de SMS, podem ser muito confusas para um iniciante na língua. Você consegue adivinhar o que *bjr sava* quer dizer? Resposta: *Bonjour, ça va?* (Oi, tudo bem?).

LIÇÃO 7
Frases úteis

Frases essenciais

Ma date de naissance est ____. — Minha data de nascimento é ____.
Mon adresse est ____. — Meu endereço é ____.
Mon numéro de téléphone est le ____. — Meu número de telefone é ____.
Quelle est votre adresse ? — Qual o seu endereço?
Quel est votre numéro de téléphone ? — Qual seu número de telefone?
Quelle est votre date de naissance ? — Qual a sua data de nascimento?
Où habitez-vous ? — Onde você mora?

DICA
Quando for escrever uma carta em francês, tenha certeza de estar usando o tratamento correto. Para um homem, escreva *Monsieur* (M.). Para uma moça solteira, *Mademoiselle* (Mlle), e para uma mulher casada ou divorciada, *Madame* (Mme).

Atividade A
Escreva, em francês, seu *nom*, *prénom*, *adresse*, *date de naissance* e *numéro de téléphone*.

nom
prénom
adresse
date de naissance
numéro de téléphone

Atividade B
Caroline está fazendo algumas perguntas a Daniel. O que ela está perguntando?

1

Où habitez-vous ?

a onde ele mora
b a rua onde ele mora

2

Quelle est votre adresse ?

a onde ele mora
b o endereço dele

3

Quel est votre numéro de téléphone ?

a o número de telefone dele
b a data de nascimento dele

4

Quelle est votre date de naissance ?

a o número de telefone dele
b a data de nascimento dele

Substantivos e números — Unidade 2

LIÇÃO 8
Gramática

Presente dos verbos regulares
Em francês, as terminações dos verbos regulares são -er, -ir e -re. Observe a seguir como se conjugam no presente os verbos com as terminações -er e -ir. Você vai aprender os verbos terminados em -re na próxima unidade.

Verbos terminados -er
Retire -er e acrescente a terminação apropriada para cada pronome. Veja como se conjuga o verbo *parler* (falar).

je	parl**e**	eu falo
tu	parl**es**	tu falas/você fala
il/elle	parl**e**	ele/ela fala
nous	parl**ons**	nós falamos
vous	parl**ez**	vós falais/vocês falam
ils/elles	parl**ent**	eles/elas falam

Exemplos
Je parle.   Eu falo.
Nous parlons.   Nós falamos.

Atividade A
Conjugue o verbo *parler* no presente.

je _____
tu _____
il/elle _____
nous _____
vous _____
ils/elles _____

Verbos terminados em -ir
Retire -ir e acrescente a terminação apropriada para cada pronome. Veja como se conjuga o verbo *finir* (terminar).

je	fin**is**	eu termino
tu	fin**is**	tu terminas/você termina
il/elle	fin**it**	ele/ela termina
nous	fin**issons**	nós terminamos
vous	fin**issez**	vós terminais/vocês terminam
ils/elles	fin**issent**	eles/elas terminam

Exemplos
Tu finis.   Você termina.
Vous finissez.   Vocês terminam.

Atividade B
Conjugue o verbo *finir* no presente.

je _____
tu _____
il/elle _____
nous _____
vous _____
ils/elles _____

Atividade C
Veja estas imagens. Escreva onde cada pessoa mora. Tenha certeza de estar conjugando corretamente o verbo *habiter*.

Nick, rua Oscar Freire, 10
_____

Júlia e Marcos, rua 13 de maio, 24
_____

Amy e eu, rua Flores, 16
_____

Sua vez
Pense no verbo *enseigner* (ensinar). Como você diria em francês que ensina francês e português? Como diria que Amandine ensina português?

Unidade 2 — Revisão

Atividade A
Quantos você vê em cada imagem? Use o plural quando necessário.

1 _____

2 _____

3  _____

4 _____

Atividade B
Use o caderno de endereços para responder às questões. Lembre-se de que, em francês, a ordem de algumas palavras pode mudar. Certifique-se de ter escrito os números corretamente.

Thierry Gomard 25 Rue de Rivoli	05 06 45 56 66
David Bonner 15 Rue Perronet	01 61 45 17 27
Christine Brel 8 Rue Lafayette	04 33 52 75 19
Corrine & Mark Smith 30 Avenue Baudin	05 49 67 14 32

1 Où habite Thierry ?
2 Quel est le numéro de téléphone de Thierry ?
3 Où habitent Corrine et Mark ?
4 Quel est le numéro de téléphone de Christine ?
5 Où habite David ?

Desafio
Escreva um pequeno parágrafo sobre um amigo. Diga onde ele/ela vive mora, seu endereço e número de telefone. Depois tente pensar em alguma informação extra, que você pode acrescentar utilizando um verbo regular terminado em -er ou -ir. Exemplo: *Il parle français* (Ele fala francês).

Atividade C
Observe cada substantivo e escreva o respectivo artigo definido. Não se esqueça de fazer a concordância em gênero e número. Depois, use frases com *Regarde...* para mostrar cada um dos itens.

1 ____ oiseaux   3 ____ chat
2 ____ femmes   4 ____ maison

Atividade D
Você acaba de chegar ao Instituto de Línguas de Marseille para estudar francês. Astrid, a recepcionista, precisa de algumas informações básicas. Como ela não entende português, você deverá responder às questões em francês. Complete o diálogo.

Astrid Bonjour ! Comment vous appelez-vous ?
Vous _____

Astrid Bien. Quel est votre numéro de téléphone ?
Vous _____

Astrid Quelle est votre adresse ?
Vous _____

Astrid Et le code postal ?
Vous _____

Astrid Pour finir, quelle est votre date de naissance ?
Vous _____

Astrid Excellent ! Bienvenue à l'Institut de Langues de Marseille !
Vous _____

Atividade na internet
Acesse o site **www.berlitzbooks.com/5minute** para obter o endereço de sites de mapas via satélite. Coloque no espaço reservado o seguinte endereço: Cinémathèque Française: 51, rue de Bercy, 75012, Paris. Dê um *zoom* no mapa. Onde você gostaria de se hospedar se quiser visitar a Cinémathèque Française?

Unidade 3 — Hora e data

Nesta unidade você aprenderá:
- a dizer *le temps* (a hora) e *la date* (a data).
- os números a partir de 31.
- a conjugar os verbos regulares terminados em *-re*.
- o verbo irregular *faire* (fazer).

LIÇÃO 1 — Quelle heure est-il ?

Diálogo

François e Sandrine estão assistindo a um jogo de futebol. Escute-os falando as horas, quanto falta para o fim da partida e o placar do jogo.

Sandrine Quelle heure est-il ?
François Il est dix-huit heures.
Sandrine Il est tôt ! Combien de temps reste-t-il avant la fin du match ?
François Il reste cinquante-cinq minutes.
Sandrine Quel est le score ?
François Lyon 1, Paris 0.

Atividade A

Escreva em francês as respostas corretas.

1. Que horas são?
   _____

2. Sandrine está surpresa porque está *tôt* (cedo)?
   _____

3. Quanto tempo resta para o fim da partida?
   _____

4. Qual time está ganhando?
   _____

Atividade B

Coloque o diálogo a seguir em ordem. Numere as frases de 1 a 4.

Il est dix-huit heures.
Il reste cinquante-cinq minutes.
Il est tôt ! Combien de temps reste-t-il avant la fin du match ?
Quelle heure est-il ?

LIÇÃO 2 — Frases úteis

Frases essenciais

Quelle heure est-il ?	Que horas são?
Il est vingt-deux heures.	São dez horas (da noite).
Il est sept heures et demie.	São sete e meia.
Il est six heures et quart.	São seis e quinze.
Il est sept heures moins le quart.	São quinze para a sete.
Il est minuit.	É meia-noite.
Il est midi.	É meio-dia.
Il est tard !	Está tarde!
Il est tôt !	Está cedo!

Atividade A

Olhe no relógio e escreva que horas são. Depois, leia o que você escreveu em voz alta.

Exemplo: Il est sept heures et quart.

1 _____

2 _____

3 _____

4 _____

Atividade B

Você deveria encontrar um amigo às *vingt heures pile* (às vinte horas em ponto). Veja as horas abaixo e escreva *Il est tôt!* ou *Il est tard !*

1 6h45 _____

2 20h15 _____

3 7h30 _____

4 21h00 _____

Atividade C

O que você diz quando quer...

1 perguntar que horas são?

_____

2 dizer que está cedo?

_____

3 dizer que está tarde?

_____

4 dizer que são duas da manhã?

_____

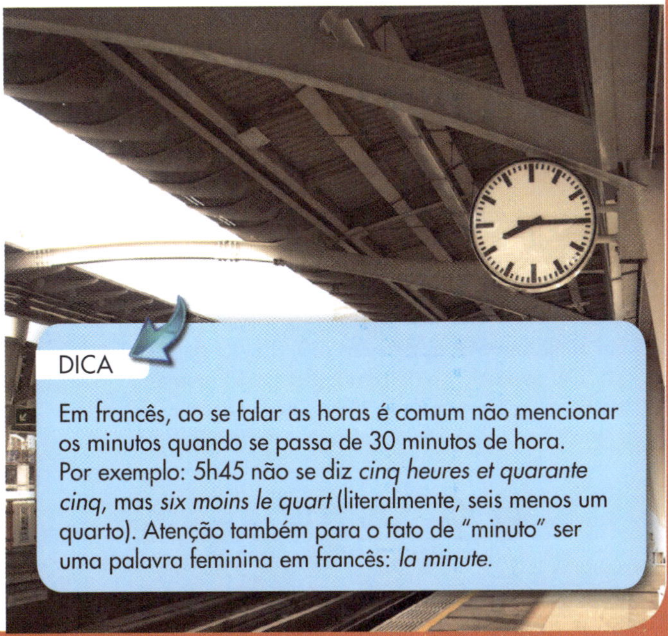

DICA

Em francês, ao se falar as horas é comum não mencionar os minutos quando se passa de 30 minutos de hora. Por exemplo: 5h45 não se diz *cinq heures et quarante cinq*, mas *six moins le quart* (literalmente, seis menos um quarto). Atenção também para o fato de "minuto" ser uma palavra feminina em francês: *la minute*.

LIÇÃO 3
Palavras úteis

Palavras essenciais

Le temps (tempo)

une heure	hora
une minute	minuto
une seconde	um segundo
à _____ heures pile	às _____ em ponto

Les numéros (números)

trente-et-un	trinta e um
trente-deux	trinta e dois
trente-trois	trinta e três
trente-quatre	trinta e quatro
trente-cinq	trinta e cinco
quarante	quarenta
cinquante	cinquenta
soixante	sessenta

Palavras extras

un demi/une demie	metade (m/f)
un quart	um quarto
matin	manhã
après-midi	tarde
soir	noite

DICA

Você notou que há um padrão nos números de 31 a 35? Os números entre as dezenas (30, 40, 50 etc.) seguem um padrão parecido ao do português: 31 é trente-et-un; 32, trente-deux, e assim por diante. Você consegue adivinhar como são os números de 36 a 40 em francês?

Atividade A

Escreva os números a seguir por extenso.

1 44 _____
2 32 _____
3 67 _____
4 58 _____

Atividade B

Um programa começa às *vingt heures pile*. *Combien de temps reste-t-il?* Quanto tempo falta para o programa começar? Escreva as horas por extenso.

Exemplos:

Il reste une heure et quart.   Il reste vingt minutes.

1  _____

2 _____

3  _____

4  _____

Sua vez

São *16h12* e você está assistindo a um jogo de futebol. O primeiro tempo começou às *16h00* e tem 45 minutos. Você deverá olhar o relógio a cada dez minutos.

Cada vez que olhar o relógio, diga a hora e quantos minutos faltam para o fim do primeiro tempo. Comece às *16h12*.

LIÇÃO 4
Gramática

Verbos regulares terminados em -re

Para conjugar um verbo regular terminado em -re, como *vendre* (vender), substitua -re pelas seguintes terminações:

je	vend**s**	eu vendo
tu	vend**s**	tu vendes/você vende
il/elle	vend	ele/ela vende
nous	vend**ons**	nós vendemos
vous	vend**ez**	vós vendeis/vocês vendem
ils/elles	vend**ent**	eles/elas vendem

Exemplos
Il vend.   Ele vende.
Tu vends.   Você vende.

Atividade A
Complete os espaços abaixo conjugando o verbo *répondre* (responder) no presente.

je _____

tu _____

il/elle _____

nous _____

vous _____

ils/elles _____

DICA

Observe que quando conjugamos verbos regulares em -re na terceira pessoa do singular – *il/elle* – , apenas retiramos a terminação sem acrescentar nenhuma outra.

Atividade B
Escreva a forma correta de cada verbo em -re.

1 vendre      Je _____

2 répondre      Nous _____

3 descendre      Elle _____

4 attendre      Elles _____

Sua vez
Descreva o que está acontecendo em cada uma das imagens.

attendre

descendre

escaliers

_____

_____

LIÇÃO 5
À faire

aller chez le médecin

faire ses devoirs

appeler Romain

faire la lessive

Coisas para fazer
Amandine está pensando nas coisas que ela tem de fazer hoje. Observe as imagens e sua lista de afazeres.

Atividade A
Escolha a resposta correta.

1. Qual é a primeira coisa que Amandine deve fazer?
   a lavar roupas   **b** fazer a lição de casa

2. Qual expressão significa "fazer a lição de casa"?
   a faire ses devoirs   **b** faire la lessive

3. Qual dessas expressões que dizer "para fazer"?
   a à faire   **b** de faire

4. O que Amandine vai fazer antes de ligar para Romain?
   a faire ses devoirs   **b** aller chez le boucher

DICA
A preposição *chez* (na casa, loja, estabelecimento de) deve ser usada antes do nome da pessoa para indicar propriedade de algum lugar, por exemplo: *aller chez le médecin* (ir ao consultório médico), *aller chez Marie* (ir à casa de Marie), *aller chez le boulanger* (ir à padaria – literalmente: ir ao padeiro).

Atividade B
Escreva a expressão apropriada para cada imagem.

 1 _____

 3 _____

 2 _____

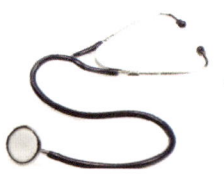 4 _____

LIÇÃO 6
Palavras úteis

Palavras essenciais

Les jours de la semaine
(os dias da semana)

lundi	segunda-feira
mardi	terça-feira
mercredi	quarta-feira
jeudi	quinta-feira
vendredi	sexta-feira
samedi	sábado
dimanche	domingo

Les mois de l'année
(meses do ano)

janvier	janeiro
février	fevereiro
mars	março
avril	abril
mai	maio
juin	junho
juillet	julho
août	agosto
septembre	setembro
octobre	outubro
novembre	novembro
décembre	dezembro

Atividade A
Veja a agenda semanal de Romain e responda às questões abaixo.

AGENDA	
lundi	faire mes devoirs
mardi	aller chez le médecin
mercredi	faire la lessive
jeudi	faire mes devoirs
vendredi	appeler Amandine
samedi	faire la lessive
dimanche	faire la cuisine

1. Que dia Romain vai cozinhar? _____
2. Quais dias Romain vai fazer a lição de casa? _____ et _____
3. Que dia Romain vai telefonar para Amandine? _____
4. Que dia Romain vai ao médico? _____
5. Quais dias Romain vai lavar roupas? _____ et _____

Atividade B
Escreva as datas abaixo em francês.

Exemplo quinta-feira, 24/02   jeudi, le 24 février

1. segunda-feira, 17/11 _____
2. sábado, 05/06 _____
3. quarta-feira, 21/09 _____
4. sexta-feira, 08/04 _____
5. terça-feira, 31/01 _____
6. domingo, 12/08 _____
7. quinta-feira, 25/03 _____
8. domingo, 14/10 _____
9. segunda-feira, 29/05 _____
10. terça-feira, 02/12 _____
11. sexta-feira, 15/07 _____
12. quarta-feira, 18/02 _____

LIÇÃO 7
Frases úteis

DICA DE PRONÚNCIA

Em francês, o "ll" dobrado é pronunciado como um "i" longo. Tente falar esta frase em voz alta para praticar o som de "ll": *La famille de la fille aime la vie* (A família da menina ama a vida).

Frases essenciais

Quel jour sommes-nous ?	Que dia é hoje?
Nous sommes mardi.	Hoje é terça-feira.
Quelle est la date aujourd'hui ?	Qual a data de hoje?
Quel mois sommes-nous ?	Em que mês estamos?
Quelle année sommes-nous ?	Em que ano estamos?

DICA CULTURAL

São vários os feriados nacionais e épocas de férias na cultura francesa. Se você pensa em fazer compras na França, certifique-se de quais dias são *jours fériés* (feriados), porque muitos estabelecimentos podem estar fechados. Fora de Paris você também pode ter dificuldade em encontrar lojas abertas aos domingos e às segundas-feiras à tarde.

Atividade A
Circule a resposta correta.

1. Quel jour sommes-nous ?
   - **a** janvier
   - **b** mardi

2. Quel mois sommes-nous ?
   - **a** lundi
   - **b** décembre

3. Quelle est la date aujourd'hui ?
   - **a** C'est le 18 décembre 2010.
   - **b** Nous sommes mercredi.

4. Quelle année sommes-nous ?
   - **a** le 23 août
   - **b** 2009

Atividade B
Escreva as questões corretas que completam os diálogos.

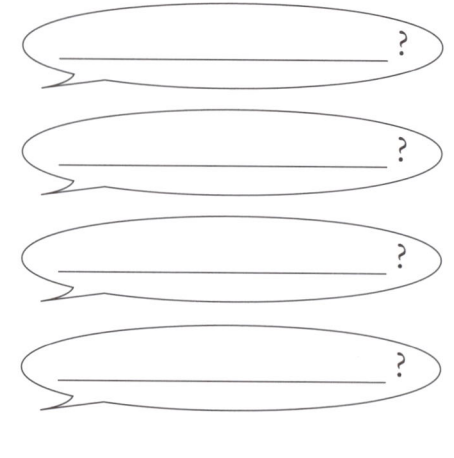
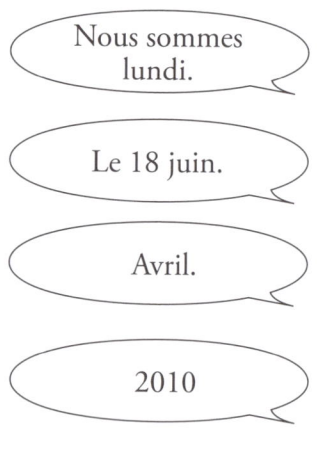

1. _____ ?   Nous sommes lundi.
2. _____ ?   Le 18 juin.
3. _____ ?   Avril.
4. _____ ?   2010

LIÇÃO 8
Gramática

DICA
Faire é um verbo muito comum em francês e geralmente traduzido como "fazer", mas há várias outras situações em que esse verbo pode ter outros significados, por exemplo: *faire du football* (jogar futebol).

O verbo *faire* (fazer)
O verbo *faire* é irregular. Veja abaixo como conjugá-lo no presente.

je	fais	eu faço
tu	fais	tu fazes/você faz
il/elle	fait	ele/ela faz
nous	faisons	nós fazemos
vous	faites	vós fazeis/vocês fazem
ils/elles	font	eles/elas fazem

Atividade A
Preencha as lacunas com a conjugação correta do verbo *faire*.

1. Je _____ la lessive le dimanche.
2. Eve _____ la cuisine le samedi.
3. Christine et Lisette _____ leurs devoirs le jeudi.
4. Isabelle et moi _____ la cuisine le vendredi soir.

Atividade B
Qu'est-ce qu'ils font? Relacione cada figura à sua respectiva frase para dizer o que cada pessoa está fazendo.

1. Il fait du café. _____
2. Ils font des plans. _____
3. Elle fait un gâteau. _____
4. Elles font du football. _____

 a
 b
 c
 d

DICA CULTURAL

Na maioria dos países de língua francesa, o verbo "lavar" é expressado como *laver*, como *laver les mains* (lavar as mãos). Mas, em algumas outras situações, utiliza-se o verbo *faire*, por exemplo: *faire la lessive* (lavar a roupa), *faire la cuisine* (cozinhar), *faire la vaisselle* (lavar a louça).

Sua vez
Escreva frases dizendo o que você faz aos sábados e domingos. Certifique-se de conjugar corretamente o verbo *faire*.

_____

_____

Unidade 3 — Revisão

Atividade A
Escolha as atividades do quadro para contar o que Amélie tem de fazer. Use os verbos na terceira pessoa do singular. Veja o exemplo.

- allez chez le médecin
- faire ses devoirs
- faire la cuisine
- faire la lessive
- appeler Alain

1  Amélie va chez le médecin à neuf heures et demie.

2  _____

3  _____

4  _____

5 _____

Atividade B
Veja os horários abaixo e observe o exemplo para escrever quanto tempo falta para o fim da partida.

Exemplo 1h31min02s Il reste une heure, trente et une minutes et deux secondes.

1 2h34min13s _____
2 1h10min _____
3 0h12min39s _____
4 1h27min25s _____

Atividade C
André perdeu sua agenda e esqueceu quais são seus afazeres para o mês de março. Observe o calendário e, depois, responda às questões.

mars						
lundi	mardi	mercredi	jeudi	vendredi	samedi	dimanche
1	2	3 faire la lessive	4	5	6	7
8	9	10	11	12	13 faire mes devoirs	14
15 appeler Marcus	16	17	18	19	20	21 faire la cuisine
22	23 laver la voiture	24	25	26	27	28

Em que datas André planejou as atividades abaixo? Escreva, em francês, cada data da seguinte maneira: dia da semana/dia/mês.

Exemplo lavar a roupa
mercredi, le trois mars 2009

1 cozinhar
_____

2 fazer a lição de casa
_____

3 lavar o carro
_____

4 ligar para Marcus
_____

Atividade na internet
Imagine que você está planejando uma viagem à França. Acesse www.berlitbooks.com/5minute para ter acesso ao endereço de um site no qual você poderá encontrar bilhetes de trem à venda.

Desafio
Escreva um parágrafo sobre um amigo. Escreva o que ele(a) estuda ou costuma fazer.

Unidade 4 Família

Nesta unidade você aprenderá:
- a apresentar sua família e conversar sobre seus parentes.
- a usar pronomes possessivos e demonstrativos.
- a usar os artigos indefinidos.
- o verbo irregular *avoir* (ter).

LIÇÃO 1 — Photo de famille

Patrice
Claire et ses parents
Jean-Pierre et Monique
Muriel

Diálogo

Claire e Sam estão conversando sobre suas famílias. Ouça Claire mostrando a Sam fotos da família dela e dizendo quem é cada pessoa.

Sam Vous êtes combien dans ta famille, Claire ?

Claire Dans ma famille, nous sommes sept. Regarde la photo.

Sam Quelle grande famille ! Ici, c'est toi, et là, ce sont tes parents, non ?

Claire Oui. Ici, c'est ma mère et là, c'est mon père. Et cette fille, c'est ma petite sœur, Muriel.

Sam Et là, ce sont tes frères ?

Claire Oui. Ici, c'est mon frère aîné, Jean-Pierre. Et là, c'est Patrice, mon frère cadet.

Sam Et là, qui est-ce ?

Claire C'est Monique, la femme de Jean-Pierre.

Atividade A

Circule **V** para verdadeiro e **F** para falso.

1. A família de Claire é formada por menos de cinco pessoas. V / F
2. Monique é irmã de Claire. V / F
3. Claire tem três irmãos do sexo masculino. V / F
4. Muriel é irmã de Claire. V / F

Atividade B

Leia as frases abaixo. Circule a imagem que corresponde a cada uma.

1. C'est mon père. a   b 
2. C'est ma sœur. a    b 
3. C'est ma mère. a    b 
4. Ce sont mes frères. a    b

DICAS CULTURAIS

- Em francês, a maneira informal de chamar os pais é *maman* e *papa*, equivalentes a "mamãe" e "papai" em português.
- As formas mais comuns para se referir a "marido" e "mulher" são *mari* e *femme*, mas você também poderá ouvir *époux* (esposo) e *épouse* (esposa), termos frequentes em documentos oficiais.

LIÇÃO 2
Palavras úteis

Palavras essenciais

les enfants	filhos/crianças
la famille	família
la femme	esposa
la fille	filha
le fils	filho
le frère	irmão
le mari	marido
la mère	mãe
les parents	pais
le père	pai
la sœur	irmã

Palavras extras

aîné/aînée	mais velho/mais velha
cadet/cadette	mais novo/mais nova

Árvore genealógica de Sam

Thomas — Hélène
Sam — Rachel — Paul

DICA

Na palavra *soeur*, as letras *o* e *e* se unem formando um único símbolo, œ, que tem um som próprio (veja o guia de pronúncia do início deste livro). Outras palavras com œ são *œuf* (ovo) e *œvre* (obra de arte).

DICAS

Há duas maneiras de expressar posse em francês:
- usando os pronomes possessivos como *mon/ma* (meu/minha). Eles serão apresentados na Lição 4 desta unidade.
- usando artigo definido + substantivo + *de*. Exemplo: *le mari de Christine* (o marido de Christine).

Atividade A

Observe a árvore genealógica da família de Sam e complete a decrição dele. A primeira lacuna já foi preenchida para você.

Il y a cinq personnes dans ma ___famille___. Thomas, c'est

mon _____ . Ma _____ s'appelle
        pai   mãe

Hélène. Rachel, c'est ma _____. Paul est le
                                  irmã

_____ de Rachel.
   marido

Atividade B

Circule a palavra correta.

1. Sam et Rachel sont **frère et sœur** parents.
2. Sam est le **frère** père de Rachel.
3. Hélène est la **mère** père de Sam et de Rachel.
4. Thomas est le **fils** père de Sam et de Rachel.
5. Hélène et Thomas sont les **sœur et frère** parents de Sam et de Rachel.
6. Sam est le **mari** fils d'Hélène et de Thomas.
7. Rachel est la **fille** fils d'Hélène et de Thomas.
8. Sam et Rachel sont les **parents** enfants d'Hélène et de Thomas.
9. Rachel est la mari **femme** de Paul.
10. Paul est le mari **frère** de Rachel.

LIÇÃO 3 — Frases úteis

Frases essenciais

Vous êtes combien dans votre famille ?
Dans ma famille, nous sommes _____.
Ma famille est grande/petite.

Quelle jolie famille !
Quelle grande/petite famille !

Vocês são em quantos na sua família?
Somos em _____.

Minha família é grande/pequena.
Que família bonita!
Que família grande/pequena!

Atividade A
Coloque as frases do diálogo em ordem.

- Vous êtes combien dans ta famille ? #1
- Oui, ma famille est grande. Est-ce que ta famille est grande ? #
- Dans ma famille, nous sommes huit. #
- Quelle grande famille ! #
- Non. Ma famille est petite. Dans ma famille, nous sommes quatre. #

Atividade B
Escreva uma frase dizendo se as famílias são grandes ou pequenas.

1 _____
2 _____ 
3 _____ 
4 _____ 

Sua vez
Use o vocabulário e as frases que aprendeu para falar da sua família. Ela é grande ou pequena? Você tem irmãos? Se sim, quantos?

Família — Unidade 4

LIÇÃO 4 — Gramática

Pronomes possessivos

Os pronomes possessivos concordam em gênero e número com os substantivos a que se referem. Os pronomes *notre/nos* (nosso/nossos), *votre/vos* (vosso/vossos, seu/seus) e *leur/leurs* (dele/deles) concordam apenas em número.

Singular	Plural	Português
mon/ma	mes	meu/minha/meus/minhas
ton/ta	tes	teu/tua/teus/tuas, seu/sua/seus/suas (inf.)
son/sa	ses	dele/dela/deles/delas
notre	nos	nosso(a)/nossos(as)
votre	vos	vosso(a)/vossos(as), seu/sua/seus/suas (form.)
leur	leurs	dele(a)/deles(as)

Exemplos

C'est mon frère. — Este é meu irmão.
Ce sont tes sœurs. — Estas são suas irmãs.
Sa famille est grande. — Sua família é grande.
Notre mère s'appelle Karen. — Nossa mãe se chama Karen.

Atividade A

Preencha as lacunas com o pronome possessivo correto. Siga as instruções nos parênteses.

1 C'est _____ mère. (1ª pess. sin.)
2 Est-ce que c'est _____ frère ? (2ª pess. sing., inf.)
3 _____ famille est petite. (2ª pess., sing., form.)
4 Ce sont _____ sœurs. (1ª pess., sing.)
5 Ce sont _____ parents ? (2ª pess., sing., inf.)
6 Ces hommes sont _____ frères. (2ª pess., sing., form.)
7 _____ maison est grande. (1ª pess., pl.)
8 Les enfants sont _____ fils. (1ª pess., pl.)

Pronomes demonstrativos

Os pronomes demonstrativos concordam em gênero e número com os substantivos a que se referem.

Singular	Português	Plural	Português
ce	este/aquele	ces	estes(as)/aqueles(as)
cet	este/aquele (antes de vogais e de "h")		
cette	esta/aquela		

Atividade B

Leia as frases abaixo. Depois, relacione-as à imagem correspondente.

1 Ces filles sont mes filles. _____
2 Cette voiture est ma voiture. _____
3 Cet homme est mon père. _____
4 Cette maison est ma maison. _____
5 Cette femme, c'est ma mère. _____
6 Ce couple, ce sont mes parents. _____
7 Ces chiens sont mes chiens. _____
8 Ces garçons sont mes frères. _____

LIÇÃO 5
Arbre généalogique

Nadine (grand-mère) — **Joseph** (grand-père)

Karen (tante) — **André** (oncle) **Muriel** (mère) — **Pierre** (père)

Robert (cousin) **Anita** (cousine) **Pauline** **Georges** (frère) — **Sandrine** (belle-sœur)

Jérôme (neveu) **Annie** (nièce)

Árvore genealógica

Pauline Dauphin acabou de criar a árvore genealógica de sua família. Observe a árvore e leia os parentescos em voz alta.

Atividade A

Descreva o parentesco de Pauline com cada pessoa.

1. André est _____
2. Muriel est _____
3. Georges est _____
4. Karen est _____

DICA CULTURAL

Adiciona-se o prefixo *beau-* ou *belle-* para se referir à família de cônjuges: *beau-père* (sogro), *belle-mère* (sogra), *beau-fils* (genro), *belle-fille* (nora). Para "meio-irmão" e "meia-irmã", você deve dizer *demi-frère* e *demi-sœur*.

Atividade B

Você consegue dizer quem é quem na família da Pauline? Escreva o parentesco no espaço ao lado de cada imagem.

1. _____ 
2. _____ 
3. _____ 
4. _____

Família Unidade 4

LIÇÃO 6
Palavras úteis

Palavras essenciais

la grand-mère	avó
le grand-père	avô
les grands-parents	avós
la tante	tia
l'oncle	tio
le cousin	primo
la cousine	prima
le petit-fils	neto
la petite-fille	neta
le neveu	sobrinho
la nièce	sobrinha

Palavras extras

le beau-père	sogro
la belle-mère	sogra
le beau-frère	cunhado
la belle-sœur	cunhada
le beau-fils	genro
la belle-fille	nora

Atividade A
Relacione as palavras do quadro ao seu equivalente em português.

petit-fils	cousine	neveu
grand-parents	grand-père	tante

1 prima _____
2 sobrinho _____
3 tia _____
4 neto _____
5 avô _____
6 avós _____

Atividade B
Qual o seu grau de parentesco? Complete as lacunas circulando a resposta correta.

1 La sœur de ma mère est ma _____
    a tante   **b** cousine

2 Le fils de ma tante est mon _____
    a cousin   **b** cousine

3 La mère de mon père est ma _____
    a grand-mère   **b** grand-père

4 Le cousin de mon fils est mon _____
    a neveu   **b** nièce

5 Le père de mon père est mon _____
    a grand-père   **b** oncle

6 La nièce de mon père est ma _____
    a cousin   **b** cousine

Unidade 4 — Família

LIÇÃO 7
Frases úteis

DICA
Je t'aime bien (eu gosto de você), *Je t'aime beaucoup* (eu gosto muito de você) e *Je t'adore* (adoro você) podem ser usados para expressar carinho pelos familiares e amigos. *Je t'aime* (amo você) é utilizado somente entre casais apaixonados.

Je t'aime.

Frases essenciais

Avez-vous de la famille à _____ ?
Votre famille est-elle proche ?
J'ai une famille proche.
Êtes-vous marié/mariée ?
Je suis célibataire.
J'aime ma famille.
Je t'aime.

Você tem familiares em _____?
Sua família é unida?
Minha família é unida.
Você é casado/casada?
Sou solteiro(a).
Eu amo minha família.
Eu amo você.

Atividade A
Ligue as perguntas às respostas corretas.

1. Avez-vous de la famille à Paris?
2. Ton frère est très mignon ! Est-il célibataire ?
3. Aimez-vous vos beaux-parents ?
4. Êtes-vous célibataire ?

a) Non, ma femme est là.
b) Oui, j'aime beaucoup mes beaux-parents.
c) Non, il est marié.
d) Non, je n'ai pas de la famille en France.

Atividade B
O que você diz quando quer...

1. dizer a seu marido/sua esposa que você o/a ama?
   _____
2. dizer à sua mãe que você a ama?
   _____
3. dizer a alguém que sua família é unida?
   _____
4. perguntar a uma pessoa se ela é casada?
   _____

Sua vez
Agora fale sobre você e seus familiares. Você é solteiro(a) ou casado(a)? Quem é casado na sua família? Quem é solteiro?

Família   Unidade 4   43

LIÇÃO 8
Gramática

Artigos indefinidos

Os artigos indefinidos, em francês, são três. Cada um deles concorda em gênero e número com o substantivo ao qual se liga.

un	um
une	uma
des	uns/umas

Atividade A
Escreva o substantivo e o artigo definido correspondentes a cada figura.

1 _____

2 _____

3 _____

4 _____

O verbo *avoir* (ter)

O verbo *avoir* é irregular. Veja sua conjugação.

j'	ai	eu tenho
tu	as	tu tens/você tem
il/elle	a	ele/ela tem
nous	avons	nós temos
vous	avez	vós tendes/vocês têm
ils/elles	ont	eles/elas têm

Exemplos

Il a une cousine.   Ele tem uma prima.
Nous avons un oncle. Nós temos um tio.

Atividade B
Escreva as frases usando corretamente o verbo *avoir*.

1 tu, frère   _____

2 je, cousin   _____

3 elles, tantes   _____

4 vous, nièces   _____

Sua vez
Responda às seguintes questões sobre a sua família.

1 Avez-vous des tantes ?   _____

2 Avez-vous des neveux ?   _____

3 Vos oncles ont-ils des enfants ?   _____

4 Vos cousins ont-ils des enfants ?   _____

> **DICA**
> Use o verbo *avoir* nas seguintes situações: *J'ai faim* (Estou com fome), *J'ai soif* (Estou com sede) e *J'ai froid* (Estou com frio).

Unidade 4 — Revisão

Atividade A
Monique levou Antoine, seu namorado, para uma festa de família e está mostrando a ele seus familiares. Preencha as lacunas no diálogo entre eles.

Monique Voici mon _____ (avô), Alain. Et voilà ma _____ (avó), Nathalie.

Antoine Et qui est cette femme ?

Monique C'est ma _____ (prima), Michelle, et c'est son _____ (irmão), Didier.

Antoine Cette dame, c'est ta _____ (mãe) ?

Monique Non, c'est ma _____ (tia), Carmen. C'est la _____ (irmã) de ma mère. Michelle et Didier sont ses _____ (filhos).

Antoine Alors, ta mère, c'est cette dame ?

Monique (laughs) Non, c'est ma _____ (tia) Lisette, la _____ (esposa) de mon _____ (tio) Maurice. C'est le _____ (irmão) de mon _____ (pai).

Antoine Ta _____ (família) est grande. Mais où est (onde está) ta mère ?

Monique Mes _____ (pais) ne sont pas ici (não está aqui).

Atividade B
Diga qual o parentesco de cada pessoa com Monique. Use corretamente os pronomes possessivos son/sa/ses antes de cada substantivo.

Exemplo Alain est son grand-père.

1 Nathalie _____
2 Michelle et Didier _____
3 Carmen et Lisette _____
4 Maurice _____

Atividade C
Durante a festa, Maurice faz algumas perguntas sobre a família de Antoine. Preencha as linhas com as respostas de Antoine a Maurice.

Maurice Ta famille est-t-elle grande ou petite ?
Antoine _____
Maurice As-tu des frères ?
Antoine _____
Maurice As-tu des oncles ?
Antoine _____

Atividade D
Agora Antoine está conversando com *le grand-père*, Alain. Preencha as lacunas com o pronome demonstrativo correto.

Antoine _____ (Esse) homme, c'est votre neveu ?
Alain Non, c'est le neveu de monsieur.
Antoine Qui est _____ (essa) femme ?
Alain _____ (Essa) femme, c'est ma nièce.
Antoine _____ (Essas) filles sont vos filles ?
Alain Non, _____ (essas) filles sont mes petite-filles.

Atividade E
Escreva uma frase para cada imagem dizendo quantas crianças há em cada família.

1 _____

2 _____

3 _____

4 _____

Atividade na internet
Acesse **www.berlitzbooks.com/5minute** e veja o endereço de sites nos quais é possível montar uma árvore genealógica. Crie uma árvore genealógica e nomeie, em francês, todos os seus parentescos. Depois pratique em voz alta, como se estivesse apresentando-os a alguém.

Unidade 5 — Refeições

Nesta unidade você aprenderá:
- a falar sobre *le petit-déjeuner* (café da manhã), *le déjeuner* (almoço) e *le dîner* (jantar).
- a usar vocabulário relacionado a comida e bebida.
- a fazer perguntas em francês.
- o verbo irregular *vouloir* (querer).

LIÇÃO 1 — J'ai faim !

Diálogo

Isabelle e Rémy estão conversando sobre o que querem comer. Escute-os discutindo sobre *le petit-déjeuner*, *le déjeuner* e *le dîner*.

Isabelle J'ai faim. Est-ce que tu veux prendre ton petit-déjeuner ?

Rémy Oui. J'ai envie d'une salade.

Isabelle À huit heures du matin ? On mange de la salade au déjeuner ou au dîner.

Rémy Ça m'est égal. Qu'est-ce que tu veux ?

Isabelle Des œufs. Veux-tu manger des œufs ?

Rémy Oui. Et j'ai aussi envie de boire du vin.

Isabelle On ne boit pas de vin au petit-déjeuner !

Atividade A

Circule **V** para verdadeiro e **F** para falso.

1. Isabelle quer tomar café da manhã. **V/F**
2. Rémy quer comer salada de café da manhã. **V/F**
3. Isabelle pergunta a Rémy se ele quer tomar sopa. **V/F**
4. Rémy está com vontade de tomar uma cerveja. **V/F**

Atividade B

Circule as respostas corretas.

1. O que Isabelle quer comer? a / b 
2. O que Rémy está com vontade de tomar? a / b 
3. O que eles vão comer no café da manhã? a / b 
4. A que horas se passa o diálogo? a / b

DICA

Entre diversos outros usos, a preposição *de* serve para:

- expressar posse: *C'est le chien de Marie.*
- expressar quantidade: *beaucoup de*
- dizer de onde alguém vem: *Il vient du Brésil.*
- ligar alguns verbos: *j'ai envie de prendre un petit-déjeuner.*

Quando quiser dizer o que vai comer ou beber, use a preposição *de* com o artigo apropriado. Observe que *le* e *les* devem ser contraídos.

- de + le = du
- de + la = de la
- de + l' = de l'
- de + les = des

LIÇÃO 2
Palavras úteis

Palavras essenciais

La nourriture (comida)

les fruits	fruta
les œufs	ovos
le pain	pão
la salade	salada
la soupe	sopa

Les boissons (bebidas)

la bière	cerveja
le café	café
l'eau	água
le jus	suco
le lait	leite
le thé	chá

Verbos

boire	beber
manger	comer
prendre	pegar/tomar

DICA CULTURAL
Na França se usa a grafia inglesa para a palavra "sanduíche", *sandwich*. Existem muitas barracas de sanduíches, as *sandwicheries*, nas ruas francesas. Os sanduíches mais populares são os de *jambon et fromage* (queijo e presunto), *jambon-beurre* (presunto e manteiga) e *thon* (atum).

Atividade A
Observe as imagens e escreva o que cada pessoa está bebendo ou comendo.

1 _____

2 _____

3 _____

4 _____

Atividade B
Use as palavras do quadro abaixo para dizer o que come e bebe no café da manhã, almoço e jantar. Use a conjunção *et* (e).

des fruits	du pain	de la bière
de la soupe	de l'eau	du café

1 le petit-déjeuner _____

2 le déjeuner _____

3 le dîner _____

DICA
O verbo *prendre* é muito utilizado para se referir a comidas e bebidas. Por exemplo: se você quer dizer que não pode tomar café, diga *Je ne peux pas prendre de café*.

LIÇÃO 3
Frases úteis

Frases essenciais

Déjeunons.	Vamos almoçar.
Dînons.	Vamos jantar.
J'ai envie de boire ___.	Estou com vontade de tomar/beber ___.
J'ai envie de manger ___.	Estou com vontade de comer ___.
J'ai faim.	Estou com fome.
Je prends ___.	Eu tomo/bebo ___.
J'ai soif.	Estou com sede.
Je voudrais ___.	Eu gostaria de ___.
Prenons le petit-déjeuner.	Vamos tomar café da manhã.

DICA
Os verbos almoçar e jantar têm em francês a mesma grafia que seus respectivos substantivos: *Je vais dîner avec Marc* (Vou jantar com Marc), *Nouns allons déjeuner ensemble* (Vamos almoçar juntos).

Atividade A
Quatro pessoas querem comer ou beber diferentes coisas. Leia os itens à esquerda e assinale a opção que indica se a pessoa está com fome ou com sede.

		J'ai faim	J'ai soif
1	du pain et des fruits	☐	☐
2	de l'eau et du café	☐	☐
3	de la soupe et de la salade	☐	☐
4	de la bière et du vin	☐	☐

Atividade B
Complete as frases com as respotas em francês.

1 _____ une salade.
   Estou com vontade de comer

2 _____ une bière.
   Estou com vontade de tomar

Atividade C
Escreva a frase correta em francês.

1 Vamos tomar café da manhã.

2 Vamos almoçar.

3 Vamos jantar.

48   Unidade 5   Refeições

LIÇÃO 4
Gramática

Pronomes interrogativos

Comment ?	Como?
Lequel/Laquelle ?	Qual? (m/f)
Lesquels/Lesquelles ?	Quais? (m/f)
Où ?	Onde?
Pourquoi ?	Por quê?
Quand ?	Quando?
Quel/Quelle ?	Qual? (m/f)
Quels/Quelles ?	Quais? (m/f)
Qui est ?	Quem é?
Qui sont ?	Quem são?
Quoi ?	O quê?

Atividade A
Use as palavras do quadro para preencher corretamente as lacunas abaixo.

> qui   où   quel/quelle
> quoi   quand

1 _____ est-ce que vous habitez ?
2 _____ est votre adresse ?
3 _____ est cette fille ?
4 _____ est-ce que vous allez au cinéma ?
5 _____ sont vos amis ?
6 _____ heure est-il ?
7 De _____ est-ce que vous avez envie de boire ?
8 _____ de ces filles est votre sœur ?

Atividade B
Formule perguntas usando os pronomes abaixo.

1 Quelle _____ ?
2 Quand _____ ?
3 Qui est _____ ?
4 Où _____ ?

Atividade C
Que pronome você usa para perguntar...

1 a razão de algo? _____
2 a identidade de alguém? _____
3 quando algo vai acontecer? _____
4 qual objeto está sendo mostrado? _____
5 onde alguém mora? _____

Sua vez
Leia as respostas abaixo. Depois formule perguntas para cada uma delas. Pratique sua pronúncia diante de um espelho.

1 Ma mère s'appelle Marie.
2 Il est trois heures de l'après-midi.
3 Ce sont les cousins d'Henri.
4 J'habite à Paris.

DICAS

- O uso dos pronomes interrogativos em francês obedece à seguinte estrutura: pronome interrogativo seguido pelo verbo conjugado. Observe que *est-ce que* pode ser adicionado depois de um pronome interrogativo, com exceção de *qui, quel* e *lequel*.

Exemplos:

Qui est votre ami ?	Quem é o seu amigo?
Quand est-ce que nous mangeons ?	Quando vamos comer?
Pourquoi est-ce que vous travaillez chaque jour ?	Por que você trabalha todo dia?

- Os pronomes *quel* e *quelle* vêm antes do substantivo e devem concordar em gênero e número: *Quel livre est-ce que tu aimes le plus?* (De qual livro você gosta mais?). *Quoi* geralmente vem depois do verbo: *C'est quoi ça?* (O que é isso?).

LIÇÃO 5
Dans un restaurant

Cardápio
Leia o cardápio em voz alta. Em seguida, escute o diálogo. Anaïs conversa com *le serveur* (o garçom) sobre o que vai pedir.

Restaurant Madeleine

Menu

Entrées
Salade
Quiche lorraine

Plats principaux
Poisson aux légumes
Poulet aux pommes de terre
Steak frites

Desserts
Tarte au chocolat
Glace

Atividade A
Com base no diálogo, circule a resposta correta.

1. O que Anaïs pede como entrada?
2. O que Anaïs pede como prato principal?
3. O que mais havia como opção de prato principal, mas Anaïs não escolheu?
4. Qual a opção de sobremesa do cardápio?

Diálogo

Serveur Bonjour. Voulez-vous une entrée ?
Anaïs Oui. Comme entrée, je voudrais une salade.
Serveur Très bien. Et comme plat principal ?
Anaïs Que me conseillez-vous ?
Serveur Le poisson aux légumes est délicieux.
Anaïs Je ne veux pas de poisson. Je n'aime pas ça.
Serveur Le steak frites est très bien aussi.
Anaïs D'accord. Je prends le steak frites.
Serveur Très bien. Je vous sers tout de suite.

Atividade B
Numere as frases para criar o diálogo.

___ Comme entrée, je prends une salade.
___ Et comme plat principal ?
___ Quelle entrée voulez-vous ?
___ Je voudrais le poulet aux pommes de terre.

DICA CULTURAL
Para os franceses, além de dizer *s'il vous plaît* (por favor) e *merci* (obrigado), as boas maneiras incluem também dizer *bon appétit* (bom apetite) antes ou durante as refeições.

Unidade 5 — Refeições

LIÇÃO 6

Palavras úteis

Palavras essenciais

le fromage	queijo
le gâteau	bolo
la glace	sorvete
les légumes	legumes (m)
les pâtes	massas (f)
le poisson	peixe
les pommes de terre	batatas (f)
le poulet	frango
le riz	arroz
la tarte	torta
la viande	carne

Atividade A

Escreva se os pratos apresentados nos itens abaixo são entrada, prato principal ou sebremesa. Use as palavras *entrée*, *plat principal* ou *dessert*.

1. la salade et la quiche lorraine _____
2. la viande et le poisson _____
3. la glace et la tarte au chocolat _____
4. le poulet et les pâtes _____

Atividade B

Use o menu para responder às questões em francês.

1. Quelle est l'entrée ?

2. Quel est le plat principal ?

3. Quel est le dessert ?

Sua vez

Use as palavras e frases que aprendeu para criar seu próprio menu.

Restaurant _____

Menu

Entrées
_____
_____

Plats principaux
_____
_____

Desserts
_____
_____

Boissons
_____
_____

DICA CULTURAL

Na França não é necessário pagar gorjeta, pois os garçons recebem salário remunerado. Você pode dar uma pequena gorjeta, de um ou dois euros, por um bom serviço.

LIÇÃO 7 — Frases úteis

Frases essenciais

Bon appétit.	Bom apetite.
C'est bon ?	Está bom?
C'est délicieux !	Está delicioso.
C'est moi qui offre.	Eu pago a conta.
L'addition, s'il vous plaît.	A conta, por favor.
Le plat du jour est _____.	O prato do dia é _____.
Puis-je voir la carte des vins, s'il vous plaît ?	Posso ver a carta de vinhos, por favor?
Quel est le plat du jour ?	Qual o prato do dia?

Atividade A
O que você diz quando quer…

1. desejar uma boa refeição a alguém?
   _____

2. pedir a conta ao garçom?
   _____

3. elogiar a comida?
   _____

4. pedir a carta de vinhos?
   _____

Atividade B
Circule a melhor resposta para as perguntas e situações abaixo.

1. Quel est le plat du jour ?
   a. C'est délicieux !
   b. Le plat du jour est un poisson aux légumes.

2. No início da refeição, você decide pedir algo para beber. Você diz a *le serveur*:
   a. Puis-je voir la carte des vins ?
   b. Bon appétit !

3. Você está comendo e o garçom pergunta: *C'est bon ?* Você responde:
   a. Bon appétit.
   b. C'est délicieux !

4. Ao terminar a refeição, você diz a *le serveur*:
   a. L'addition, s'il vous plaît.
   b. Quel est le plat du jour ?

Sua vez
Você está em um restaurante com um(a) amigo(a). Descreva para ele(a) os diferentes pratos, o cardápio e os pratos do dia. Pergunte ao(à) seu(sua) amigo(a) o que ele(a) achou do prato que escolheu. Ao final, seja cortês e se ofereça para pagar a conta.

DICA CULTURAL
Um típico *petit-déjeuner* francês pode incluir croissants, cereais ou pão e café ou chocolate quente. *Le déjeuner* é geralmente a principal refeição do dia, composta de quatro pratos, começando por volta das 13 horas e terminando duas ou três horas depois, em situações mais formais. *Le dîner* é geralmente por volta das 20 horas ou 21 horas e costuma ser mais leve do que *le déjeuner*, embora para muitos tenha se tornado a principal refeição do dia.

LIÇÃO 8
Gramática

O verbo *vouloir* (querer)
O verbo *voulouir* é irregular. Veja abaixo sua conjugação no presente.

je	veux	eu quero
tu	veux	tu queres/você quer
il/elle	veut	ele/ela quer
nous	voulons	nós queremos
vous	voulez	vós quereis/vocês querem
ils/elles	veulent	eles/elas querem

DICAS
- Ao fazer um pedido num restaurante, é mais comum dizer *je voudrais* (forma condicional) do que *je veux*. Quando fazemos pedidos, é mais cortês usar a forma condicional do verbo *voulouir*: *je voudrais, tu voudrais, il/elle voudrait, nous voudrions, vous voudriez, ils/elles voudraient*.
- Se você não deseja nada, use a estrutura negativa *ne + voulouir + pas*: *Je ne veux pas de viande* (Eu não quero carne.).
- Para dizer do que gosta ou o que prefere, use *aimer bien* (gostar): *J'aime bien la salade* (Eu gosto de/eu prefiro salada.).

Atividade A
Preencha as lacunas com a forma correta do verbo *voulouir*.

1. Elle ne _____ pas le poulet pour le plat principal.
2. Nous _____ le poisson.
3. Ils _____ la tarte au chocolat pour le dessert.
4. _____-vous la viande pour le plat principal ?

Atividade B
O que você quer comer? Complete as frases abaixo com o verbo *voulouir* na primeira pessoa do singular para dizer o que você quer e o que não quer comer.

1. _____ _____ pour l'entrée.
   Eu quero / frango

2. _____ _____ pour l'entrée.
   Eu não quero / queijo

3. _____ _____ pour le plat principal.
   Eu quero / peixe

4. _____ _____ pour le plat principal.
   Eu não quero / carne

5. _____ _____ pour le dessert.
   Eu quero / bolo

6. _____ _____ pour le dessert.
   Eu não quero / sorvete

Sua vez
Voulez-vous de la viande ou des légumes ? Diga em voz alta o que você quer comer. Depois, use *aimer bien* para dizer quais desses alimentos você prefere. Veja o quadro "Dica" ou vá até a seção "Respostas das atividades" para ajudá-lo a usar corretamente *aimer bien*.

le poisson

la salade

le poulet

les pommes de terre

Refeições — Unidade 5

Unidade 5 — Revisão

Atividade A
Observe as imagens e complete as frases dizendo o que as pessoas gostariam de almoçar ou jantar. Use os pronomes pessoais *je, tu, il/elle, nous, vous* e *ils/elles*. Veja os exemplos de cada item.

Le déjeuner (vouloir)

1. Je veux de la soupe et boire de l'eau.
2. _____
3. _____
4. _____
5. _____
6. _____

Le dîner (aimer bien)

1. _____
2. _____
3. _____
4. _____
5. _____
6. Ils aiment bien du steak et boire de la bière.

Atividade B
Houve um problema no cardápio do Café Français. Alguém misturou tudo: entradas, pratos principais e sobremesas. Desfaça os enganos reposicionando as palavras da forma correta.

CAFÉ FRANÇAIS

Menu

Entrées
Tarte au chocolat
Salade

Plats principaux
Poulet aux légumes
Quiche lorraine

Desserts
Steak frites
Glace

Atividade C
Julien está com fome. Ele e Eve vão jantar fora. Use as frases e os pronomes interrogativos aprendidos nesta unidade para preencher as lacunas do diálogo.

Julien _____ faim.
Eve Qu'est-ce que tu _____ manger ?
Julien _____ de manger du poulet.
Eve Allons au _____.

No carro

Julien _____ est le restaurant ?
Eve C'est par là. (Points to a restaurant down the block.)

No restaurante, antes de comer

Eve Qu'est-ce que tu _____ pour le plat principal ?
Julien Je voudrais _____.

No restaurante, depois de comer

Eve _____, s'il vous plaît.

Desafio
Veja a palavra *banane*. O que você acha que ela significa? Depois de chutar um significado, verifique se você acertou procurando a palavra em um dicionário de francês-português. Pesquise também outros alimentos para aumentar o seu vocabulário.

Atividade na internet
Muitos restaurantes têm o cardápio escrito também em francês. Acesse **www.berlitzbooks.com/5minute** e encontre uma lista de sites de restaurantes franceses. Leia os cardápios em voz alta. *Quelles sont les entrées? Les plats principaux? Les desserts?* Se você não souber o significado de algumas palavras, escreva-as para pesquisar depois.

Unidade 6 — Clima e temperatura

Nesta unidade você aprenderá:
- a falar sobre temperatura, clima e estações do ano.
- verbos reflexivos.
- adjetivos.
- a descrever atividades diárias.

LIÇÃO 1 — Quel temps fait-il ?

Diálogo

Olivier mora em Fort-de-France, Martinique, e Noémie mora em Paris, França. Escute-os conversando pelo telefone sobre o clima em seus países.

Olivier Bonjour, Noémie. Quel temps fait-il à Paris ?

Noémie Il fait froid. Il y a du soleil mais il fait zéro degré Celsius.

Olivier Ah bon ? À Fort-de-France aussi il fait mauvais.

Noémie Quelle température fait-il ?

Olivier Trente-cinq degrés Celsius et il pleut beaucoup.

Noémie Trente-cinq degrés Celsius ? Il fait chaud !

Atividade A

Relacione cada questão à imagem correspondente.

1 Quel temps fait-il à Paris ? _____

2 Quel temps fait-il à Fort-de-France ? _____

3 Quelle température fait-il à Paris ? _____

4 Quelle température fait-il à Fort-de-France ? _____

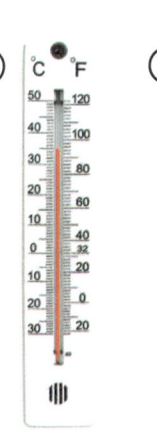

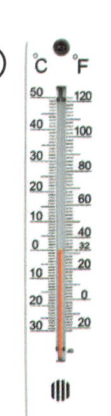

Atividade B

Releia o diálogo e procure nele as palavras que completam a cruzadinha abaixo.

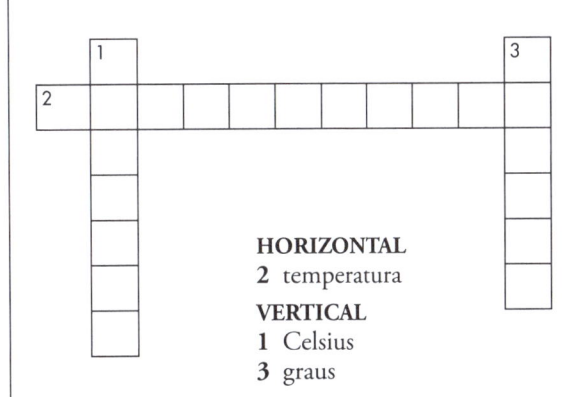

HORIZONTAL
2 temperatura

VERTICAL
1 Celsius
3 graus

DICA

A palavra *aussi* significa "também". Exemplos:

En Suisse aussi, il fait froid.   Também faz frio na Suíça.
Moi aussi, j'ai froid.   Eu também estou com frio.

LIÇÃO 2

Palavras úteis

DICA CULTURAL
Na França, *le température* também é medida em graus Celsius (*degrés Celsius*).

Palavras essenciais

bon	bom
chaud	calor
froid	frio
humide	úmido
la neige	neve
le nuage	nuvem
la pluie	chuva
le soleil	sol
le temps	tempo
le vent	vento

Atividade A
Use o vocabulário acima para completar o diálogo.

Quel ____(clima)____ fait-il à Haïti ?

Il fait ____(calor)____ et il y a du ____(sol)____.

Quelle ____(temperatura)____ fait-il ?

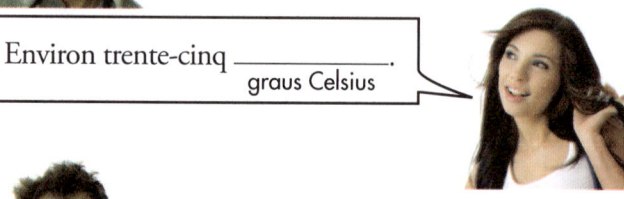

Environ trente-cinq ____(graus Celsius)____.

Ah bon ? Ici il fait ____(frio)____. Il fait moins dix.

Atividade B
Circule a palavra ou frase apropriada para completar cada sentença.

1. Está um dia bonito.
   a. **Il fait 25 degrés Celsius.**   b. **Il fait froid.**

2. A temperatura é de 2 graus Celsius.
   a. **Il fait froid.**   b. **Il fait chaud.**

3. Está chovendo e ventando. Isso se refere a:
   a. **la température**   b. **le temps**

4. Está 6 graus Celsius lá fora. Isso se refere a:
   a. **le temps**   b. **la température**

Atividade C
Ligue cada palavra à respectiva figura.

1. les nuages — a 
2. le soleil — b 
3. le vent — c 
4. la pluie — d 
5. la neige — e

Unidade 6 — Clima e temperatura

LIÇÃO 3
Frases úteis

Frases essenciais

Il fait ___ degrés Celsius.	Faz ___ graus Celsius.
Il fait chaud/froid.	Está calor/frio.
Il y a du soleil.	Está sol.
Il fait mauvais/beau.	O tempo está ruim/bom.
Quelle température fait-il ?	Que temperatura está fazendo?
Quel temps fait-il ?	Como está o tempo?

Frases extras

Il y a des nuages.	Está nublado.
Il y a du soleil.	Está sol.
Il y a du vent.	Está ventando.
Il pleut.	Está chovendo.
Il neige.	Está nevando.

DICA CULTURAL

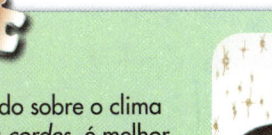

Se alguém estiver falando sobre o clima e você ouvir *il pleut des cordes*, é melhor correr e pegar seu *parapluie* (guarda-chuva). Essa expressão significa "Chove a cântaros".

Atividade A
Escreva cada frase ou palavra na coluna correta.

35°C	Il fait chaud.	6°C
Il fait mauvais.	32°F	Il fait froid.

Quelle température fait-il ? Quel temps fait-il ?

_____ _____

_____ _____

_____ _____

Atividade B
Quel temps fait-il ? Ligue cada imagem à descrição correta do clima.

1 — **a** Il fait chaud.

2 — **b** Il y a du soleil.

3 — **c** Il fait mauvais.

4 — **d** Il fait froid.

Atividade C
Imagine que esteja um dia quente de primavera. Leia as questões e circule a resposta correta.

1 Quel temps fait-il ?
   a Il fait beau.   **b** Il fait mauvais.

2 Fait-il chaud ou froid ?
   a Il fait chaud.   **b** Il fait froid.

3 Quelle température fait-il ?
   a Il fait cinq degrés Celsius.   **b** Il fait vingt degrés Celsius.

Clima e temperatura — Unidade 6

LIÇÃO 4
Gramática

DICA

Outro adjetivo que muda de significado dependendo de sua posição em relação ao substantivo é *ancien/ancienne*. Em português, essa mudança é a mesma: se colocado antes do substantivo, significa "há muito tempo" ou "não mais". Por exemplo: *Il est ancien professeur* (Ele é um antigo professor); se colocado depois, significa "velho/antigo". Por exemplo: *Le latin est une langue ancienne* (O latim é uma língua antiga).

Adjetivos

Em francês, a maioria dos adjetivos vem depois do substantivo. Alguns, no entanto, vêm antes do substantivo, e outros variam dependendo do significado. Seguem abaixo algumas regras sobre a colocação dos adjetivos:

- Depois do substantivo: cor, formato, religião, nacionalidade.

Exemplos

un thé vert	um chá verde
un plat rond	um prato redondo
une église catholique	uma igreja católica
une fille belge	uma moça belga

- Antes do substantivo: aparência, idade, bom/mau, tamanho.

Exemplos

la belle femme	a bela mulher
le jeune garçon	o jovem rapaz
le bon week-end	o bom fim de semana
le petit chien	o pequeno cachorro

- Dependendo de sua posição na frase, alguns adjetivos mudam de significado. Veja abaixo alguns exemplos:

Adjective	Antes do substantivo	Depois do substantivo
brave	bom	corajoso
certain/certaine	particular/específico	evidente
cher/chère	querido/querida	caro/cara (preço)
grand/grande	famoso/famosa	alto/alta
pauvre	pobre/coitado	pobre (não rico)
propre	próprio	limpo
rare	raro	sem valor

Atividade A

Coloque os adjetivos na posição correta.

1. la _____ fille _____ (belle)
2. le _____ chat _____ (petit)
3. la _____ voiture _____ (rouge)
4. le _____ livre _____ (américain)
5. la _____ table _____ (ronde)

Atividade B

Baseando-se na colocação, escolha o significado correto dos adjetivos nas frase abaixo.

1. l'ancien hôpital
   a. um antigo hospital
   b. um hospital velho

2. l'homme pauvre
   a. um homem pobre
   b. um pobre homem

3. la grande femme
   a. uma mulher alta
   b. uma mulher famosa

4. l'homme brave
   a. um homem bom
   b. um homem corajoso

Sua vez

Pense em alguns adjetivos comuns. Procure-os em um dicionário francês-português e siga as regras para decidir em que posição colocá-los na frase.

LIÇÃO 5

Qu'est-ce que vous faites ?

O que você está fazendo? Leia a ficha ao lado sobre Christophe Déry, um famoso jogador de futebol. Veja o que Christophe gosta de fazer e de vestir em cada estação do ano.

Nom Christophe Déry
Age 33 ans
Nationalité Canadien
Profession footballeur
Activités préférées courir, jouer au football, voyager, nager

Entretien (entrevista)

Journaliste Qu'est-ce que vous faites d'habitude en été ?

Christophe En été, je joue au football, je nage et je cours.

Journaliste Vous ne voyagez pas en été ?

Christophe Si, je voyage souvent en été. C'est amusant. En hiver, je suis au Canada, et en été, je voyage un peu en Asie.

Journaliste En été, on n'a pas besoin de beaucoup de vêtements : seulement de sandales, de shorts, etc. Mais en hiver…

Christophe Vous avez raison. En hiver, il fait froid au Canada et je porte un blouson, une écharpe, des gants et des bottes.

Journaliste Regardez cette photo. C'est une photo de vous au Canada avec votre famille. Que faites-vous ?

Christophe Nous jouons dans la neige.

Atividade A

Complete o esquema abaixo com as atividades que Christophe pratica no verão.

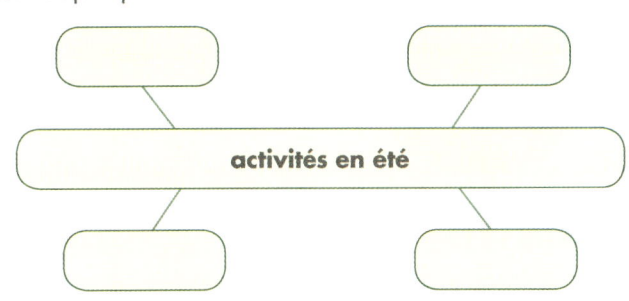

activités en été

Complete o esquema abaixo com as roupas que Christophe usa no inverno.

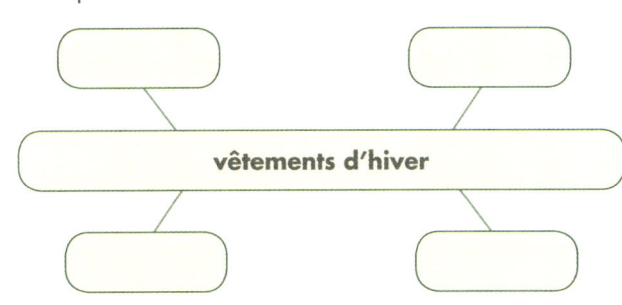

vêtements d'hiver

Atividade B

Complete as seguintes frases sobre Christophe.

1. Christophe nada, corre e _____ no verão.
2. Christophe viaja no _____.
3. Christophe veste um casaco no _____.
4. Christophe é do _____ e tem ____ anos.

Clima e temperatura — Unidade 6

LIÇÃO 6
Frases úteis

Frases essenciais

C'est amusant.	É divertido.
C'est ennuyant.	É chato.
D'habitude, en hiver, je fais ___.	No inverno, eu geralmente ___.
Qu'est-ce que vous faites ?	O que você está fazendo?
Qu'est-ce que vous faites d'habitude ?	O que você costuma fazer?
Vous avez raison.	Você está certo.

Atividade A

Qu'en pensez-vous ? (O que você acha?) Escreva *C'est ennuyant* ou *C'est amusant* para indicar o que pensa de cada atividade.

1  _____ 2 _____

3  _____ 4 _____

Atividade B

O que você diz quando quer...

1 perguntar a alguém o que ele(a) está fazendo?

_____

2 perguntar a alguém o que ele(a) geralmente faz?

_____

3 dizer o que você costuma fazer durante o inverno?

_____

4 dizer a alguém que ele(a) está certo(a)?

_____

Sua vez

Crie um diálogo entre dois amigos, Amélie e Gérard, sobre as atividades que Gérard costuma fazer no inverno. Amélie deve perguntar o que ele costuma fazer no inverno, o que ele acha divertido ou entendiante. Depois, Amélie deve concordar com as respostas dele. Use a entrevista de Christophe Déry, na lição 5, como exemplo.

DICA

Para dizer "estou me divertindo" em francês, diga *je m'amuse* – o verbo é *s'amuser* (divertir-se). Para dizer "estou entediado", diga *je m'ennuie* – o verbo é *s'ennyuer*. Ambos são verbos reflexivos. Você vai aprendê-los na lição 8 desta unidade.

LIÇÃO 7
Palavras úteis

Palavras essenciais

Les vêtements (roupas)

les bottes	botas
le blouson	jaqueta
le chapeau	chapéu
les gants	luvas (m)
les sandales	sandálias

Les saisons (as estações do ano)

l'automne	outono
l'été	verão
l'hiver	inverno
le printemps	primavera

Palavras extras

courir	correr
jouer	jogar
nager	nadar
porter	usar
voyager	viajar

Atividade B
Escreva a palavra que corresponde a cada figura.

1 _____
2 _____
3 _____

Atividade B
Use as palavras do quadro para nomear cada uma das estações representadas nas imagens.

l'hiver   le printemps   l'été   l'automne

1 _____

2 _____

3 _____

4 _____

Atividade C
Complete as frases abaixo com as palavras em francês.

1 Je porte _____ au printemps.
   _{um chapéu}

2 Elle porte _____ en automne.
   _{uma jaqueta}

3 Tu portes _____ en été.
   _{sandálias}

4 Ils portent _____ en hiver.
   _{luvas}

DICA
Quando for se referir a determinada estação, utilize a preposição *en* antes: *en été, en hiver, en automne*. A exceção é com relação a *printemps*: você deve dizer *au printemps*.

Clima e temperatura — Unidade 6

LIÇÃO 8
Gramática

Atividade A
Escreva frases em francês para dizer o que as pessoas fazem pela manhã.

1 (Marie, se lever) _____
2 (nous, s'habiller) _____
3 (tu, se réveiller) _____
4 (ils, se raser) _____

Verbos reflexivos

- *Se laver* (lavar-se) e *s'habiller* (vestir-se) são verbos reflexivos.

- A estrutura da forma reflexiva em francês é a mesma que em português: pronome reflexivo seguido pelo verbo conjugado. Tanto o pronome quanto o verbo devem concordar com o sujeito.

Pronomes reflexivos

je	**me**	me
tu	**te**	te
il/elle	**se**	se
nous	**nous**	nos
vous	**vous**	vos
ils/elles	**se**	se

Se laver (lavar-se)

je	**me** lave	eu me lavo
tu	**te** laves	tu te lavas
il/elle	**se** lave	ele/ela se lava
nous	**nous** lavons	nós nos lavamos
vous	**vous** lavez	vós vos lavais
ils/elles	**se** lavent	eles/elas se lavam

- Outros verbos reflexivos muito comuns são *se réveiller* (acordar), *se lever* (levantar-se), *se raser* (barbear-se) e *se coucher* (deitar-se).

- Para se referir a várias pessoas, use os verbos reflexivos para indicar que elas estão fazendo uma ação conjunta. Por exemplo: *Ils se parlent* (eles estão conversando).

Atividade B
Conjugue o verbo reflexivo para dizer o que as pessoas estão fazendo.

1  se marier _____

2  s'embrasser _____

3  se parler _____

4  se téléphoner _____

DICA

Da mesma forma que os artigos *le* e *la*, os pronomes reflexivos também são contraídos diante de vogais ou de "h" mudo. Eles se tornam *m'*, *s'* e *t'*: *Il s'habille* (ele se veste).

Unidade 6 — Clima e temperatura

Unidade 6 — Revisão

Atividade A
Baseando-se na posição do adjetivo em cada frase, circule o significado correto.

1. un livre cher
   - a um livro querido
   - b um livro caro
2. ma propre maison
   - a minha própria casa
   - b minha casa limpa
3. un garçon brave
   - a um rapaz bondoso
   - b um rapaz corajoso
4. une grande femme
   - a uma mulher alta
   - b uma mulher famosa
5. un ancien étudiant
   - a um antigo estudante
   - b um estudante velho

Atividade B
Insira os adjetivos na posição correta.

1. le _____ chat _____ (gris)
2. la _____ maison _____ (belle)
3. un _____ travail _____ (bon)
4. un _____ homme _____ (africain)
5. une _____ fille _____ (jeune)

Atividade C
Quel tamps fait-il ? (Como está o tempo?) Antes de sair, Sabine checa a previsão do tempo. Escreva em francês o clima que está representado em cada imagem.

1. _____
2. _____
3. _____

Atividade D
Encontre as palavras relacionadas ao clima e às estações do ano no caça-palavras abaixo.

| soleil | chaud | froid | température | été |
| hiver | automne | vent | printemps | pluie |

S	O	L	E	I	L	Z	S	C	S	H	K	W	Y	J
X	Ç	L	A	C	H	A	Q	H	I	V	E	R	V	V
E	H	H	R	W	K	M	Q	A	Z	K	W	X	P	L
H	D	A	N	J	V	R	A	U	T	O	M	N	E	J
Q	P	Y	C	X	Q	Z	M	D	D	Y	D	P	Y	Ç
F	D	S	L	A	P	R	I	M	A	V	É	R	A	V
X	D	O	B	M	N	A	B	R	Z	E	K	P	E	E
Q	A	L	F	L	M	S	O	L	E	A	D	O	I	N
F	P	R	I	N	T	E	M	P	S	A	T	U	R	T
P	L	Z	Z	Q	G	A	L	Q	A	W	P	E	H	R
U	U	S	T	A	C	A	L	I	D	O	D	L	L	F
A	I	J	U	G	A	R	È	G	F	R	O	I	D	W
B	E	V	F	É	R	H	V	R	E	P	J	U	O	D
S	Q	W	R	T	P	K	A	P	P	J	R	N	Y	U
T	E	M	P	É	R	A	T	U	R	E	L	Q	X	N

Desafio
Você já aprendeu a formação e os usos dos verbos reflexivos em francês. Agora use esses verbos para fazer uma lista das coisas que você faz pela manhã.

Atividade na internet
Você consegue imaginar como está o tempo em outros países agora? Acesse **www.berlitzbooks.com/5minute** e encontre um site em francês com a previsão do tempo. Descubra como está o tempo agora em Paris. E em Montréal e em Fort-de France? Diga *Où est-ce qu'il pleut maintenant ?* (Onde está chovendo agora?) *Quelle température fait-il ?* (Que temperatura está fazendo?) *Quel temps fait-il ?* (Como está o tempo?) *Est-ce qu'il fait chaud/froid ?* (Está calor/frio?).

Unidade 7 Compras

Nesta unidade você aprenderá:
- vocabulário relacionado a compras e formas de pagamento.
- a pedir em lojas peças de roupas, de diferentes tamanhos.
- a fazer comparações com *plus... que* (mais... do que) e *moins... que* (menos... do que)
- o verbo irregular *mettre* (colocar/pôr) e os regulares *s'habiller* (vestir-se) e *porter* (usar).

LIÇÃO 1 — Le magasin de vêtements

Diálogo

Adèle está em *un magasin de vêtements* (uma loja de roupas). Ela está procurando um vestido. Escute-a conversando com *le vendeur* (o vendedor).

Vendeur Bonjour. Je peux vous aider ?

Adèle Je cherche une robe.

Vendeur Les robes sont ici. Quelle taille recherchez-vous ?

Adèle Une taille moyenne, s'il vous plaît.

Vendeur De quelle couleur désirez-vous la robe ?

Adèle Je voudrais une robe bleue.

Atividade A

Circule a resposta correta.

1. O que Adèle está procurando?
   a   b   c

2. Adèle quer um vestido de que tamanho?
   a pequeno   b médio   c grande

3. Adèle quer um vestido de que cor?
   a   b   c

Atividade B

Assinale a alternativa que corresponde à tradução da pergunta em francês.

1. Je peux vous aider ?
   a Posso ajudá-lo(a)?
   b Como você gostaria de pagar?

2. Quelle taille recherchez-vous ?
   a De que cor você gostaria?
   b Que tamanho você procura?

3. De quelle couleur désirez-vous la robe ?
   a Você gostaria de um vestido de que cor?
   b De que tamanho de vestido você gostaria?

LIÇÃO 2

Frases úteis

Frases essenciais

Ce _____ est trop grand/petit/serré/large.	Este(a) _____ é muito grande/pequena/justa/larga.
Je peux vous aider ?	Posso ajudá-lo(a)?
Je cherche _____.	Eu estou procurando _____.
Je cherche une taille _____.	Eu procuro um tamanho _____.
Je voudrais acheter un/une _____.	Eu gostaria de comprar um/uma _____.
Quelle taille recherchez-vous ?	Qual tamanho você procura?
Vous désirez autre chose ?	Você deseja alguma outra coisa?

Atividade A
Escolha a melhor resposta.

1 Bonjour. Je peux vous aider ?
  a Je cherche une robe.
  b La robe est trop petite.

2 Quelle taille recherchez-vous ?
  a Une taille moyenne, s'il vous plaît.
  b Je voudrais acheter une chemise.

3 Cette chemise est trop serrée.
  a Je cherche un jean.
  b Quelle taille recherchez-vous ?

4 Vous désirez autre chose ?
  a Non, merci.
  b La robe est trop large.

Atividade B
Use as frases que você aprendeu para responder às questões.

1 Je peux vous aider ?
  _____.
  Diga que está procurando um vestido.

2 Vous désirez autre chose ?
  _____.
  Diga que você precisa de uma camisa de tamanho médio.

3 Vous désirez autre chose ?
  _____.
  Diga que a jaqueta ficou muito larga em você.

4 Quelle taille recherchez-vous ?
  _____.
  Diga que você usa tamanho pequeno.

> **DICA**
> Se alguém lhe perguntar *Vous désirez autre chose ?*, você pode responder *Oui, je voudrais autre chose* (Sim, eu queria mais alguma coisa/algo mais) ou *Non, je ne voudrais rien*.

LIÇÃO 3 — Palavras úteis

Palavras essenciais

Les vêtements (vestuário)

les chaussures	sapatos
la chemise	camisa
le chemisier	camisa feminina
la cravate	gravata
la jupe	saia
le manteau	casaco
le pantalon	calça/calças
la robe	vestido
le tee-shirt	camiseta

Les tailles (tamanhos)

petit/petite	pequeno
moyen/moyenne	médio
grand/grande	grande
extra large	extragrande

Couleurs (cores)

blanc/blanche	branco/branca
bleu/bleue	azul
jaune	amarelo
marron	marrom
noir/noire	preto/preta
rose	rosa
rouge	vermelho
vert/verte	verde
violet/violette	roxo

DICA CULTURAL

Em francês, *le pantalon* (calça/calças) é um substantivo singular. O mesmo ocorre com a palavra "jeans": *le jean*.

Atividade A

Escreva o nome de cada peça de roupa.

1 _____
2 _____
3 _____
4 _____
5 _____

Atividade B

Leia cada frase e circule o item que você está procurando.

1   Je cherche un chemisier rose.

    a   b

2   Je cherche une cravate rouge.

    a   b

3   Je cherche un tee-shirt extra large.

    a   b

4   Je cherche un manteau noir.

    a   b

DICA

Nos países falantes de francês utilizam-se as abreviações inglesas S, M, L e XL para se referir, respectivamente, aos tamanhos *petit, moyen, large* e *extra large*.

Unidade 7 — Compras

LIÇÃO 4 — Gramática

Verbos vestir-se, usar e pôr/colocar

- *S'habiller* (vestir-se) é um verbo reflexivo regular, conjugado conforme a regra dos verbos terminados em *-er*.
- *Porter* (usar) é um verbo regular terminado em *-er*.
- *Mettre* (pôr/colocar) é irregular. Veja abaixo como conjugá-lo.

je	mets	eu ponho/coloco
tu	mets	tu pões/colocas, você põe/coloca
il/elle	met	ele/ela põe/coloca
nous	mettons	nós pomos/colocamos
vous	mettez	vós pondes/colocais, vocês põem/colocam
ils/elles	mettent	eles/elas põem/colocam

Exemplos

Je m'habille le matin.	Eu me visto de manhã.
Elle s'habille l'après-midi.	Ela se veste à tarde.
Je porte une chemise verte.	Estou usando uma camisa verde.
Elle porte une robe bleue.	Ela está usando um vestido azul.
Je mets mon pantalon.	Eu ponho minhas calças.
Il met ses chaussures.	Ele põe os sapatos.

DICA
Se você quiser experimentar algo em uma loja, use o verbo *essayer* (tentar, experimentar): *Puis-je essayer cette chemise ?* (Posso experimentar esta camisa?). Pergunte também onde fica *la cabine d'essayage* (o provador).

Atividade A
Complete os espaços com o verbo correto.

1. Le matin, je _____.
   vestir-se
2. Elle _____ une robe au travail.
   pôr
3. Il _____ un manteau avant de quitter la maison.
   pôr
4. Tu _____ une belle chemise aujourd'hui !
   usar

Atividade B
Complete as frases conjugando corretamente o verbo *mettre*.

1. Vous _____ une chemise le matin.
2. Tu _____ tes chaussures avant de quitter la maison.
3. Je _____ mon tee-shirt et mon pantalon.
4. Nous _____ nos chaussettes blanches.
5. Mes parents _____ leurs manteaux noirs chaque soir.

Atividade C
Complete o quadro abaixo com a conjugação do verbo *s'habiller*. Alguns espaços já foram preenchidos para você. Se você tiver alguma dúvida, consulte a seção "Respostas das atividades" no final deste livro.

je	m'	
tu	t'	habilles
il/elle/on	s'	
nous	nous	
vous	vous	habillez
ils/elles	s'	

LIÇÃO 5
Comment voulez-vous payer ?

DICA

Na França, a maioria das lojas faz duas liquidações anuais em todo o país, o que eles chamam de *les soldes*. Essas liquidações ocorrem durante duas semanas nos meses de janeiro e junho. Durante *les soldes*, o governo francês exige que as lojas coloquem tudo em liquidação para dar espaço às mercadorias da próxima estação. Se você estiver por lá nessa época poderá encontrar descontos de 10% a 80% em relação ao preço original.

Como você quer pagar?

Leia com atenção o anúncio da loja Franco-Mode. Observe as palavras do quadro para ajudá-lo a compreender o texto do anúncio.

Franco-Mode

Venez à Franco-Mode pour les soldes d'été ! Jusqu'à 50% de remise sur les vêtements de chez B&M. Oui, cinquante pour cent !
Des vêtements très bon marché pour un maximum d'élégance !
30% de réduction sur les robes de chez Camille et Carmen. Inutile de payer cher pour être chic et à la mode !

Est-ce que c'est un prix hors taxe ?

Non, toutes les taxes sont comprises. Nous n'acceptons pas les cartes de crédit ou les cartes bancaires.

Agora observe o anúncio da loja La Mode Parisienne. Repare nas diferenças entre este anúncio e o anterior.

La Mode Parisienne

Venez à La Mode Parisienne pour les soldes d'été ! Bénéficiez de 20% de réduction sur les vêtements de B&M. Des vêtements très bon marché pour un maximum d'élégance !
40% sur les robes de Camille et Carmen. Il n'y a pas besoin de payer cher pour rester à la mode !

Est-ce que toutes les taxes sont comprises ?

Non, c'est un prix hors taxe. Nous acceptons les cartes de crédit et les cartes bancaires.

- toutes taxes comprises (TTC) — todos os impostos inclusos
- hors taxes (HT) — sem impostos inclusos
- une robe de marque — um vestido de marca
- 50% de réduction — 50% de desconto
- des soldes — liquidação
- avant — antes
- après — depois
- Venez ! — Venha!
- la taxe — taxa/imposto

Atividade A
Com base no anúncio, circule a resposta correta.

1. Qual marca aparece no anúncio?
   a Camille et Carmen   b Laurent
2. Os vestidos estão caros ou baratos?
   a baratos   b caros
3. Os preços anunciados incluem os impostos?
   a sim   b não
4. A loja Franco-Mode aceita cartões de crédito ou de débito?
   a sim   b não

Atividade B
Compare os dois anúncios e circule a resposta correta.

1. Qual loja tem o maior desconto para a marca B&M?
   a Franco-Mode   b La Mode Parisienne
2. Em qual loja o desconto para vestidos Camille et Carmen é maior?
   a Franco-Mode   b La Mode Parisienne
3. Os preços da La Mode Parisienne incluem os impostos?
   a sim   b não
4. A loja La Mode Parisienne aceita cartões de crédito?
   a sim   b não

DICA CULTURAL

O *dollar canadien* é a moeda corrente no Canadá, e seu plural é *dollars canadiens*. Na França e na Bélgica a moeda corrente é o *euro* (€). Outras moedas correntes em países de língua francesa são o *franc* suíço e o *franc CFA*, utilizada em doze países africanos.

68 Unidade 7 Compras

LIÇÃO 6
Frases úteis

Frases essenciais

Acceptez-vous les cartes de crédit et les cartes bancaires/chèques ?	Vocês aceitam cartões de crédito e de débito ou cheques?
Ce n'est pas cher !	Isto não é caro.
C'est bon marché !	Está barato.
C'est trop cher !	É muito caro!
Combien coûte ce pantalon ?	Quanto custa essa calça?
Combien coûte cette jupe ?	Quanto custa essa saia?
Ils sont bon marché !	Eles estão baratos!
Je paierai par carte de crédit.	Vou pagar com cartão de crédito.
Oui, nous acceptons ____.	Sim, nós aceitamos ____.

Frases extras

Combien ça coûte TTC ?	Quanto isso custa sem os impostos?
Je regarde seulement.	Estou apenas olhando.
Je voudrais l'acheter.	Eu gostaria de comprá-lo(a).
Je voudrais les acheter.	Eu gostaria de comprá-los(as).
Voici votre monnaie/reçu.	Aqui está o seu troco/recibo.

Atividade A
O que você diz quando quer…

1 perguntar se a loja aceita cartões de dédito?
_____

2 perguntar quanto custa uma saia?
_____

3 perguntar se a loja aceita cheques?
_____

4 dizer que vai pagar com cartão de crédito?
_____

5 perguntar o preço de uma calça?
_____

Atividade B
Observe as imagens e escolha a melhor palavra para completar cada frase.

> cher/chère (m/f)   bon marché

1 € 170

Elles sont _____.

2 € 100

Elle est _____.

3 € 10

Elle est _____.

4 € 15

Il est _____.

> **DICA**
> Há duas maneiras de dizer que algo não está caro: usando uma frase negativa, *ce n'est pas cher* (isso não está caro), ou uma positiva, *c'est bon marché* (isso está barato).

LIÇÃO 7
Palavras úteis

Palavras essenciais

l'argent	dinheiro
la carte bancaire	cartão de débito
la carte de crédit	cartão de crédito
le chèque	cheque
le dollar	dólar
en espèces	em dinheiro
du liquide	dinheiro
le reçu	recibo
une taxe	imposto

Palavras extras

les centimes	centavos
la monnaie	moeda corrente
la pièce	moeda
le portefeuille	carteira

Atividade A

Complete as frases abaixo com a palavra correta em francês.

1. Acceptez-vous les _____ ? (cheques) 
2. Je paierai par _____. (cartão de crédito) 
3. Voici votre _____. (recibo)
4. Je n'ai pas d' _____. (dinheiro)

Atividade B

Preencha os espaços para completar o balão de pensamento de Jacques. Use as dicas em português.

J'ai 500 euros en _____ (dinheiro) dans mon portefeuille. J'ai aussi une _____ (cartão de crédito). Je vais acheter beaucoup de vêtements parce qu'il n'y a pas de _____ (impostos).

DICA

Para dizer a maneira de pagamento, use a preposição *avec*.
Je paierai avec une carte de crédit (Pagarei com cartão de crédito). Você também pode usar *par* (por) no lugar de *avec*.

Je paierai par carte de crédit.   Pagarei com cartão de crédito.

Se você desejar pagar em dinheiro, use a preposição *en*.

Je paierai en espèces.   Pagarei em dinheiro.

Unidade 7 — Compras

LIÇÃO 8

Gramática

Plus... que (mais... do que) e moins... que (menos... do que)

As expressões *plus... que* e *moins... que* servem para fazer comparações.

J'ai plus d'argent que Julien.	Eu tenho mais dinheiro do que Julien.
Julien a moins d'argent que moi.	Julien tem menos do dinheiro que eu.
Le manteau coûte plus que la cravate.	O casaco custa mais do que a gravata.
La cravate coûte moins que le manteau.	A gravata custa menos do que o casaco.

Atividade A

Observe as peças de roupa abaixo e diga qual custa mais e qual custa menos. Preencha os espaços com *plus que* ou *moins que*.

1. La robe coûte _____ le chemisier.
2. Le pantalon coûte _____ le manteau.
3. Le manteau coûte _____ la robe.
4. Le chemisier coûte _____ le pantalon.

Pronomes indefinidos

Os pronomes indefinidos são usados quando se referem a um substantivo não definido. Há muitos outros pronomes indefinidos em francês. Aqui estão alguns deles:

quelqu'un	alguém/uma pessoa
Exemplo	Je connais quelqu'un qui vit au Canada. Eu conheço alguém que mora no Canadá.
quelque chose	algo/alguma coisa
Exemplo	Je cherche quelque chose de bien. Eu procuro algo legal.
quelques	alguns/algumas
Exemplo	J'ai besoin de quelques pièces. Eu preciso de algumas moedas.
personne	ninguém/nenhuma pessoa
Exemplo	Personne ici ne mange de viande. Ninguém aqui come carne.
rien	nada
Exemplo	Il n'y a rien ici. Não há nada aqui.
tout	tudo
Exemplo	Tout est en solde. Tudo está em liquidação.

Atividade B

Circule o pronome indefinido correto em cada frase.

1. **Quelqu'un/Quelque chose** veut manger ?
2. **Personne/Rien** ici n'étudie le français.
3. **Quelques/Quelque chose** robes sont bleues.
4. Tu veux **quelque chose/quelques** à manger ?

€100   €45   €20   €60

Compras   Unidade 7

Unidade 7 — Revisão

Atividade A
Como você já aprendeu o que significam os verbos *s'habiller*, *porter* e *mettre*, escolha o verbo correto para cada uma das frases abaixo.

1. Aujourd'hui, je **porte/mets** une robe.
2. Elles **s'habillent/mettent** leurs robes bleues.
3. Nous **portons/nous habillons** des tee-shirts aujourd'hui.
4. Le matin, il **s'habille/met**.

Desafio
Mettre é um verbo irregular muito importante. Tente completar sua conjugação no quadro abaixo. Se achar muito difícil, consulte a seção "Respostas das atividades".

je	
tu	mets
il/elle	
nous	
vous	mettez
ils/elles	

Atividade B
Conjugue o verbo *coûter* e diga quais itens são mais ou menos caros. Escreva duas frases para cada par, uma com *plus que* e outra com *moins que*.

1. €21 / €30
2. €40 / €60
3. €160 / €90
4. €15 / €20

Atividade C
Baseando-se nas imagens, complete a cruzadinha com a palavra correta em francês.

HORIZONTAL
1. Banque Directe (cheque)
2. (saia)
4. (euros - moedas e notas)
5. S (etiqueta)
6. Café Terminus (recibo)

VERTICAL
1. (blusa)
3. (camisa)

Atividade na internet
Acesse **www.berlitzbooks.com/5minute** para verificar uma seleção de lojas de roupa on-line em francês. Examine o que cada site oferece, sem se esquecer de clicar na versão em francês. Alguns sites podem ter diferentes páginas para *Hommes* e *Femmes*. Qual é a sua *chemise* favorita? Qual é o seu *manteau* favorito? Se você não se importar com as taxas alfandegárias, vá em frente e faça suas compras!

Unidade 8 — Viagens e férias

Nesta unidade você aprenderá:
- a pedir informações sobre direções.
- a falar sobre localizações.
- a conversar sobre um itinerário.
- a usar os verbos irregulares *aller* (ir) e *connaître* (conhecer).

LIÇÃO 1 — Où est la gare ?

Diálogo

Um casal canadense está visitando Paris. Eles procuram um caminho para o posto de turismo que fica no *Quartier Latin*. Escute Guillaume e Lisette discutindo para onde ir.

Lisette Nous sommes ici, sur la place du Parvis Notre-Dame. Comment faire pour aller à l'office de tourisme ?

Guillaume Regardons la carte. La place du Parvis Notre-Dame est au centre de Paris. Je voudrais prendre l'autobus ou le métro.

Lisette Mais nous ne sommes pas loin du Quartier Latin. Allons-y à pied !

Guillaume Mais le métro est près d'ici. C'est juste devant l'école.

Lisette Non, c'est mieux d'y aller à pied. Ainsi, nous pouvons mieux connaître les rues et les bâtiments de Paris. Je veux voir la bibliothèque et les vieilles églises.

Guillaume D'accord. Allons-y !

DICAS

- *Allons-y !* é uma expressão muito usada na França, significa "Vamos!".
- Quando você quer fazer algo e precisa encorajar alguém a acompanhá-lo, use o verbo na primeira pessoa do plural (*nous*). Exemplo: *Demandons-lui comment y aller* (Vamos perguntar-lhe como fazemos para ir até lá) ou *Achetons un guide* (Vamos comprar um guia).
- *Y* é um pronome que, dentre outras funções, é utilizado para substituir palavras referentes a lugares.

Atividade A

Observe as imagens abaixo. A partir delas, tente adivinhar o significado dos verbos que as acompanham, inserindo a tradução nas linhas.

1 arriver _____

2 prendre _____

3 marcher _____

Atividade B

Responda às perguntas em francês. Se você não conhecer alguma palavra, tente adivinhar seu significado pelo contexto do diálogo. Depois, confira o vocabulário na seção "Palavras úteis".

1 Onde Guillaume e Lisette estão? _____
2 Aonde eles querem ir? _____
3 Quais são as diferentes opções para chegar lá? _____
4 Por que Lisette quer caminhar? _____

LIÇÃO 2 — Palavras úteis

Atividade A
Identifique cada construção, estação ou ponto com a palavra correta em francês.

(Imagens rotuladas em português: biblioteca, estação de metrô, escola, igreja, estação de trem, correio, ponto de ônibus, supermercado)

Palavras essenciais

Endroits (lugares)

l'arrêt d'autobus	ponto de ônibus
la bibliothèque	biblioteca
l'école	escola
l'église	igreja
la gare routière	terminal rodoviário
la poste	correio
la station de métro	estação de metrô
le supermarché	supermercado

Localisation (localização)

à côté de	ao lado de
le coin	esquina
à droite	à direita
à gauche	à esquerda
derrière	atrás
devant	em frente a
loin de	longe de
près de	próximo de

Atividade B
Circule a opção que descreve corretamente onde cada lugar está localizado.

1. La station de métro est _____ de la bibliothèque.
   - a **à gauche**
   - b **à droite**

2. L'école est _____ la gare routière.
   - a **loin de**
   - b **près de**

3. Le supermarché est _____ la bibliothèque.
   - a **loin de**
   - b **près de**

4. La station de métro est _____ l'école.
   - a **loin de**
   - b **à côté de**

DICA: Para indicar que algo está localizado à direita ou à esquerda, use a preposição à antes de *gauche* e *droite*: *La bibliothèque est à gauche de l'école* (A biblioteca fica à esquerda da escola).

Unidade 8 — Viagens e férias

LIÇÃO 3
Frases úteis

Frases essenciais

Achetons une carte.	Vamos comprar um mapa.
Où est _____ ?	Onde fica _____?
Comment vais-je à _____ ?	Como eu vou a _____?
Je veux prendre le train/l'autobus /le métro.	Eu quero pegar o trem/ônibus/metrô.
La gare est près de l'église.	A estação de trem fica perto da igreja.

Frases extras

Excusez-moi.	Desculpe-me.
Merci./Merci bien./ Merci beaucoup.	Obrigado(a)/Muito obrigado(a).
De rien.	De nada.

Atividade A

Observe cada imagem. Crie frases em francês dizendo que você quer pegar os meios de transporte mostrados em cada uma delas. Em seguida, pergunte onde você pode encontrar o ponto ou a estação.

1. Je veux prendre_____.
   Où est_____?

2. _____
   _____

3. _____
   _____

Atividade B

O que você diz quando quer...

1. perguntar onde fica a estação de trem?
   _____
   _____

2. perguntar como se chega à estação de metrô?
   _____
   _____

3. dizer a alguém que a estação de trem fica perto da escola?
   _____
   _____

4. dizer "vamos comprar um mapa"?
   _____
   _____

Atividade C

Você está ajudando um turista dando informações de como chegar ao Quartier Latin. Para chegar lá, ele deve pegar o ônibus para a igreja. O ponto de ônibus fica atrás do correio. Leia as perguntas e diga o que ele tem de fazer.

1. Comment vais-je au Quartier Latin ?
   _____
   _____
   _____

2. Comment vais-je à l'arrêt d'autobus ?
   _____
   _____
   _____

Sua vez

Você quer ir ao ponto de ônibus. Em voz alta, pergunte onde ele fica e como chegar lá. Não se esqueça de utilizar tratamento formal!

LIÇÃO 4
Gramática

O verbo *aller* (ir)
O verbo *aller* é irregular. Veja abaixo como conjugá-lo no presente.

je	vais	eu vou
tu	vas	tu vais/você vai
il/elle	va	ele/ela vai
nous	allons	nós vamos
vous	allez	vós ides/vocês vão
ils/elles	vont	eles/elas vão

Exemplos
Je vais à l'école. — Eu vou à escola.
Nous allons au supermarché. — Nós vamos ao supermercado.

Atividade A
Complete as lacunas com a forma correta do verbo *aller*.

1. Elles _____ à la bibliothèque.
2. Elle _____ à l'église.
3. Nous _____ à la poste.
4. Tu _____ à la gare.

Atividade B
Escolha a forma correta do verbo *aller* para completar as questões abaixo.

1. _____-vous à la poste ?
2. Comment _____-je au train ?
3. Est-ce qu'ils _____ à l'eglise ?
4. Où _____-vous ?

Atividade C
A partir das imagens, elabore frases com o verbo *aller* para dizer aonde você acha que a(s) pessoa(s) está(ão) indo. Lembre-se de usar as contrações *à la* e *au* quando necessário.

1. Ils _____ _____ _____

2. Nous _____ _____ _____

3. Elles _____ _____ _____

4. Vous _____ _____ _____

DICA CULTURAL
Se você estiver viajando entre as cidades da França, lembre-se de que as tarifas aéreas podem ser caras. Uma boa alternativa para viajar entre as grandes cidades é o sistema ferroviário. É um meio fácil, confiável e rápido, e você pode até fazer algum amigo no caminho. Todos os trens são operados pela companhia nacional ferroviária, a SNCF (Société Nationale des Chemins de fer Français). O TGV (*le train à grande vitesse*) é o mais rápido trem comercial de alta velocidade do mundo, indo de Calais a Marselha – 1.067 km – em apenas três horas e meia.

LIÇÃO 5
Arrivées et départs

Chegadas e partidas
Leia o e-mail de Dylan para Henri com informações sobre a viagem deles para Bruxelas.

```
Date   :   mardi, le 26 avril
De     :   Dylan
À      :   Henri
Sujet  :   Bruxelles

Salut Henri !
Finalement, je pars en vacances ! Je
vais à Bruxelles !
Tu connaîs Bruxelles ? Moi, je ne
connaîs pas.
J'ai les billets d'avion et une
réservation d'hôtel. Ma valise est déjà
faite.
Voici les informations : le numéro du
vol est le 12-35. Je vais de New York à
Bruxelles. L'avion part de New York à
20h et arrive à Bruxelles le lendemain
à midi.
De l'aéroport de Bruxelles, je vais en
autobus jusqu'à l'hôtel.
Nous nous voyons à l'hôtel.
À bientôt,
Dylan
```

DICAS
- A preposição *de* tem o mesmo sentido que o "de" do português, quando se fala em ir de um lugar a outro, mas, quando se tratar de destino, use a preposição *à* (a/à): *Je vais de New York à Bruxelles* (Vou de Nova York a Bruxelas).
- *Jusqu'à* significa "até". *Je prends le bus jusqu'à l'hôtel.* (Pego o ônibus até o hotel).
- *Déjà* significa "já". *J'ai déjà les billets* (Eu já tenho os ingressos).

Atividade A
Circule a resposta correta.

1. Para onde Dylan e Henri vão?
   a **Nova York**   b **Bruxelas**

2. Eles têm reserva em algum hotel?
   a **sim**   b **não**

3. A que horas o avião deles sai de Nova York?
   a **20h**   b **12h**

4. Como eles vão do aeroporto ao hotel?
   a **de ônibus**   b **de metrô**

Atividade B
O itinerário de voo de Dylan e Henri mudou. Veja as novas informações e complete o e-mail de Dylan.

Lufthansa Airlines — **LF12-35**

Partida	Hora	Chegada	Hora
Nova York Aeroporto Internacional JFK	22h	Bruxelas Aeroporto Internacional	14h

```
Date   :   mercredi, le 27 avril
De     :   Dylan
À      :   Henri
Sujet  :   Bruxelles

Bonjour Henri,
J'ai de nouvelles informations sur le
vol de demain. Le vol part de New York
à _____. Nous arrivons à
Bruxelles à _____.
Dylan
```

Viagens e férias — Unidade 8

LIÇÃO 6
Palavras úteis

Palavras essenciais

l'aéroport	aeroporto
l'avion	avião
le bagage	bagagem
le billet	bilhete
le passeport	passaporte
les vacances	férias
la valise	mala
le voyage	viagem
le vol	voo

Palavras extras

l'escale	escala
l'hôtel	hotel
la réservation	reserva

Atividade A
Circule a palavra correta entre as opções abaixo.

1. bagagem
   - a **le bagage**
   - b **le passeport**
   - c **le billet**
2. voo
   - a **le vol**
   - b **la valise**
   - c **l'avion**
3. viagem
   - a **les vacances**
   - b **le voyage**
   - c **le billet**
4. férias
   - a **le voyage**
   - b **les vacances**
   - c **le bagage**

Atividade B
Trace uma linha para ligar cada palavra à sua imagem correspondente.

1.
2.
3.
4.
5.

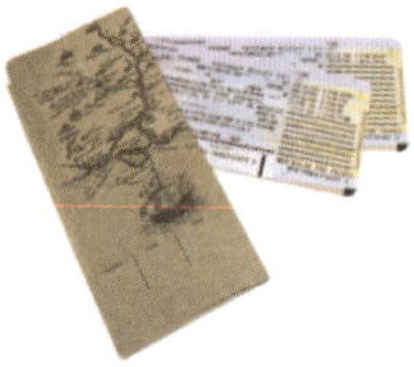

- a **le passeport**
- b **le billet**
- c **l'avion**
- d **la valise**
- e **l'aéroport**

DICA CULTURAL

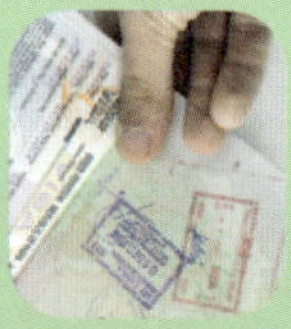

Para visitar a França como turista por até noventa dias, é necessário apenas o passaporte válido. Para períodos mais longos de permanência no país, é obrigatório tirar *visa de long séjour* (visto de longa permanência) e a *carte de séjour* (cartão de residência). Há regras rígidas para a obtenção desses vistos, por isso, se desejar permanecer por mais tempo, você deve pesquisar e se preparar para o processo com antecedência.

Unidade 8 — Viagens e férias

LIÇÃO 7 — Frases úteis

Frases essenciais

Quand est le prochain vol pour Bruxelles ?	Quando é o próximo voo para Bruxelas?
Quelle est la porte des départs ?	Qual o portão de embarque?
Quelle est la porte des arrivées ?	Qual o portão de desembarque?
Le vol part à ___.	O voo sai às ___.
L'avion arrive à ___.	O avião chega às ___.
Combien coûte le vol ?	Quanto custa a passagem aérea?
Le vol coûte ___ Euros aller-retour.	As passagens custam ___ Euros, ida e volta.

Frases extras

Enfin !	Enfim!
On se voit à _____.	Nos vemos às _____.
À bientôt !	Até logo!

Atividade A
O que você diz quando quer...

1 comunicar a seu(sua) amigo(a) que o seu voo parte às 12h30?
   _____

2 perguntar qual o portão de embarque?
   _____

3 perguntar qual o portão de desembarque?
   _____

4 comunicar a seu(sua) amigo(a) que o seu voo chega às 17 horas?
   _____

Atividade B
Armand está procurando o próximo voo disponível para Geneva. Ele se dirige ao guichê e faz algumas perguntas ao atendente. Circule as melhores respostas para as perguntas de Armand.

1 Quand est le prochain vol pour Genève ?
   a Le vol part à 8 h.   **b** Le vol arrive à 12 h.

2 Bien. Je le prends. Quelle est la porte des départs ?
   a La porte A5.   **b** Le vol part à 8 h.

3 Quelle est la porte des arrivées ?
   a L'avion arrive à 18 h.   **b** La porte C19.

Atividade C
Observe o painel de partidas abaixo e responda às perguntas.

Départ

Heure	Destination	Vol
16:15	Lyon	EZY5258
16:35	Marseille	EZY5259
17:00	Toulouse	MZY448058
17:00	Paris	VZX7250
17:20	Strasbourg	VZX7251
17:25	Bordeaux	LNN4432

1 Quand est le prochain vol pour Toulouse ?
   _____

2 Quel vol part à 17h20 ?
   _____

Sua vez
Você trabalha na Air France e tem de anunciar o próximo voo para Paris: voo 1699, com partida às 10h23 e chegada às 13h30. Use o vocabulário e as frases que você aprendeu para anunciar essas informações sobre o voo.

DICA
Aller-retour significa "ida e volta."
Aller-simple significa "somente ida."
"Classe executiva" é *la classe affaires*,
"primeira classe" é *la première classe* e "classe econômica" é *la classe économique*.

LIÇÃO 8
Gramática

O verbo *connaître* (conhecer)

O verbo *connaître* é irregular. Veja abaixo sua conjugação no presente.

je	connais	eu conheço
tu	connais	tu conheces/você conhece
il/elle	connaît	ele/ela conhece
nous	connaissons	nós conhecemos
vous	connaissez	vós conheceis/vocês conhecem
ils/elles	connaissent	eles/elas conhecem

Exemplos

Je connais Thomas. — Eu conheço Thomas.
Elles connaissent Paris. — Elas conhecem Paris.
Je ne connais pas Montréal. — Eu não conheço Montréal.

DICA

O uso do verbo *connaître* é o mesmo que em português. Outro verbo irregular muito utilizado em francês é o *savoir* (saber):

Je sais nager. — Eu sei nadar.
Nous savons parler français. — Nós sabemos falar francês.
Julia sait qui vient. — Julia sabe quem vai vir.

Atividade A

Conjugue o verbo *connaître* para que as frases a seguir tenham sentido.

1 Est-ce que tu _____ New York ?
2 Je ne _____ pas le Québec.
3 Nous _____ la mère de Joseph.
4 Est-ce que vous _____ Muriel ?

Pronomes oblíquos

me	me
te	te, você
le	o
la	a
nous	nos
vous	vos/vocês
les	os/as

Exemplos

Armand me connaît. — Armand me conhece.
Je connais Pierre. — Eu conheço Pierre.
  Je le connais. —   Eu o conheço.
Je vois la maison. — Eu vejo a casa.
  Je la vois. —   Eu a vejo.

Atividade B

Altere as frases, trocando os substantivos pelo pronome oblíquo correspondente.

1 Je prends le train. _____
2 Elle étudie le français. _____
3 Tu connais la maison. _____
4 Elles prennent les billets. _____

Sua vez

Você os conhece? Observe as imagens abaixo e elabore frases usando o verbo *connaître* para indicar se você conhece ou não cada pessoa, lugar ou animal.

1 _____   2 _____

3 _____   4 _____

Unidade 8 — Revisão

Atividade A
Leia o cartão-postal que Tritan enviou durante sua viagem ao Canadá. Ele não conjugou os verbos *aller* e *connaître* corretamente. Tache os erros e reescreva os verbos da maneira correta.

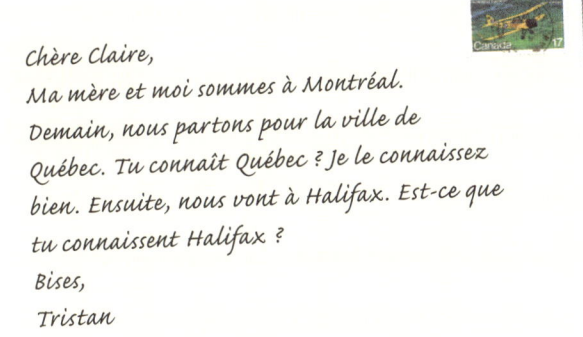

> Chère Claire,
> Ma mère et moi sommes à Montréal. Demain, nous partons pour la ville de Québec. Tu connaît Québec ? Je le connaissez bien. Ensuite, nous vont à Halifax. Est-ce que tu connaissent Halifax ?
> Bises,
> Tristan

Atividade B
Preencha os espaços para completar os planos de Charlotte para sua viagem a Lyon.

Mon voyage à Lyon

_____ à Lyon en France. _____
 Eu vou   *Meu voo sai às*
8h du matin. J'arrive _____ à 6h
                    ao aeroporto
du matin. C'est si tôt ! J'ai mon _____,
                                    bilhete
ma _____ et mon _____. J'arrive à Lyon
  bagagem   *passaporte*
à 10h du matin, et je cherche _____ pour aller
                              um ônibus
à l'hôtel. L'hôtel est _____ la Place Bellecour.
                       perto
Je le connais. Il est _____. Demain,
                  atrás de uma igreja
_____ à l'Opéra National. J'ai
quero pegar o metrô
besoin d'un ticket de métro. Ah, je l'ai.

Atividade C
Auguste e Véronique procuram um correio. Complete o diálogo com as palavras e frases corretas em francês.

Auguste Où est la poste ?

Véronique _____ une carte.
              Vamos comprar

Auguste Regardons la carte. La poste est
_____.
à direita da biblioteca

Véronique Oui, et c'est aussi _____.
                              atrás do supermercado

Auguste C'est _____.
                  ponto de ônibus

Véronique Oui. _____ le bus ici.
                  Vamos pegar

Desafio
Como você sabe, *savoir* é um verbo irregular; no entanto, sua conjugação é parecida com a de alguns verbos já estudados. Você consegue completar a conjugação abaixo?

je	sais
tu	_____
il/elle	_____
nous	_____
vous	savez
ils/elles	_____

Atividade na internet
Acesse **www.berlitzbooks.com/5minute** e veja uma lista de sites franceses para compra de passagens aéreas. Coloque o nome de sua cidade em *départ* e seu destino em *destination*, a *date aller* (data de partida) e a *date retour* (data de retorno). Escolha entre *classe économique* e *première classe*. Quand est le prochain vol pour Paris ? Combien coûte le vol ?

Unidade 9 — Profissões

Nesta unidade você aprenderá:
- a descrever profissões.
- a comparar trabalhos diferentes.
- a ler um formulário de emprego francês.
- a conjugar os verbos regulares no passado e no futuro

LIÇÃO 1 — Entretien de travail

Diálogo

Hélène está em uma entrevista de emprego para o *Le Monde*, um famoso jornal. Ouça as perguntas do empregador sobre o trabalho e as atividades desenvolvidas por Hélène em seu trabalho anterior.

Employeur — Où avez-vous travaillé ?

Hélène — J'ai travaillé dans un journal, *Le Figaro*.

Employeur — Avez-vous écrit des articles pour ce journal ?

Hélène — Oui. J'ai écrit plusieurs articles pour ce journal.

Employeur — Sur quels sujets avez-vous écrit ?

Hélène — Sur la culture francophone. Voici les articles.

Employeur — Ces articles sont très bien ! Vous êtes embauchée !

Hélène — Merci beaucoup ! Quand est-ce que je commence ?

Employeur — Lundi prochain. Je vous verrai lundi à 8 h.

DICA DE PRONÚNCIA

Há duas maneiras de pronunciar as palavras iniciadas pela letra "h" em francês: "h" mudo (*h muet*) e o "h" aspirado (*h aspiré*). Nas palavras que vêm do latim ou do grego, o "h" é mudo: *l'hôpital*, *l'homme*. O *h aspiré* é típico de palavras que vêm de outros idiomas: *la honte* (vergonha), *la hache* (machado). Note que não há contração dos artigos *la* e *le* quando se trata de *h aspiré*.

DICAS

- *Sur* (sobre) pode ser usada junto com o verbo *porter* para falar de algum assunto ou tema de livro, filme ou artigo. Exemplo: *L'article porte sur l'économie* (O artigo é sobre economia).
- O verbo *traiter* (tratar) junto da preposição *de* também pode ser usado para se referir a determinado tema. Exemplo: *Le livre traite de la vie de Chamoiseau* (O livro é sobre a vida de Chamoiseau).

Atividade A

Circule a resposta correta.

1. Onde foi o último trabalho de Hélène?
   - **a** journal
   - **b** université
2. O que Hélène fazia em seu último emprego?
   - **a** enseigné
   - **b** écrit
3. O que Hélène mostrou ao entrevistador?
   - **a** photos
   - **b** articles
4. Hélène conseguiu o emprego?
   - **a** oui
   - **b** non

Atividade B

Escolha a palavra do quadro que completa a frase.

a écrit	la culture	commencera	travaille

1. Hélène _____ dans un journal.
2. Hélène _____ des articles pour un journal.
3. Elle a écrit des articles sur _____.
4. Hélène _____ lundi à 8 h.

LIÇÃO 2
Palavras úteis

Atividade A
Complete as lacunas com as palavras corretas em francês.

le 6 avril

Je suis dans une _____.
　　　　　　　　　　sala de aula

_____ me parle d'un article dans le journal.
O professor

Il y a beaucoup d'_____ dans ma classe.
　　　　　　　　　　estudantes

Je ne veux pas rester ici. Je veux travailler comme

_____ pour un _____
jornalista　　　　　　　　　　jornal

ou un _____. Je ne veux pas être
　　　revista

_____.
estudante

Palavras essenciais
le bureau	escritório
l'étudiant/l'étudiante	estudante
le journal	jornal
le journaliste/la journaliste	jornalista
le magazine	revista
le professeur	professor(a)
la profession	profissão
la salle de classe	sala de aula
le travail	trabalho
travailler	trabalhar

Palavras extras
l'article	artigo
l'employeur/l'employeuse	empregador/empregadora

DICA
Palavras terminadas em -iste, como *journaliste*, *artiste* (artista), podem ser tanto masculinas quanto femininas. Para diferenciar o gênero, é necessário verificar o artigo que as precede ou o contexto em que foram empregadas. O mesmo vale para as palavras *professeur* e *secrétaire*.

DICA CULTURAL
Assim como no português, a palavra *journal* pode se referir a jornais impressos ou televisivos; estes últimos são chamados de *journal télévisé*. Os jornais impressos mais populares são *Le Monde*, *Le Figaro* e *Libération*. Já na TV os mais populares estão nos canais TV5, TF1 e France 2.

Atividade B
Complete as legendas de cada foto com as palavras e artigos corretos em francês.

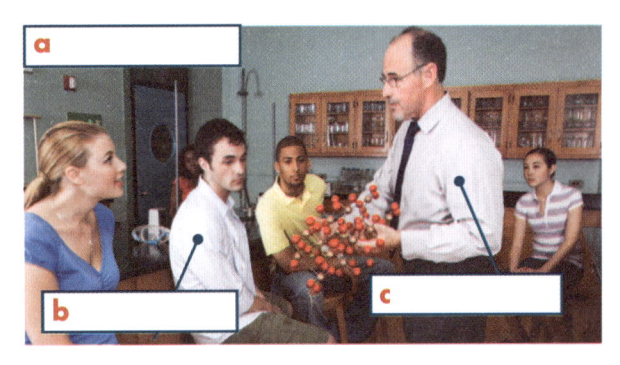

a _____
b _____
c _____

a _____
b _____
c _____

Profissões — Unidade 9 — 83

LIÇÃO 3
Frases úteis

Frases essenciais

Quelle est votre profession ?	Qual a sua profissão?
Je suis journaliste.	Eu sou jornalista.
Je suis professeur.	Eu sou professor(a).
Qu'est-ce que vous voulez faire ?	O que você quer fazer?
Je veux être professeur.	Eu quero ser professor(a).

Frases extras

Je vous verrai lundi.	Vejo-os na segunda.
Nous nous verrons lundi.	Nós nós veremos na segunda.
Vous êtes embauché/embauchée.	Você está contratado/contratada.

Atividade A

Quelle est votre profession ? Observe as fotos e diga qual é a profissão de cada pessoa.

1 Je suis _____   2 Je suis _____

Qu'est-ce que vous voulez faire ? Agora, veja essas outras fotos e diga o que cada pessoa quer ser.

3 _____   4 _____

Atividade B

O que você diz quando quer...

1 perguntar a alguém o que ele(a) quer ser?
_____

2 dizer que você quer ser professor?
_____

3 perguntar qual é a profissão de uma pessoa?
_____

4 dizer que você é jornalista?
_____

Sua vez

Imagine que você seja um(a) jornalista. Você acaba de encontrar pela primeira vez uma professora. Conte-lhe sobre sua profissão e faça perguntas sobre a dela. Depois, use as palavras *créateur/créatrice de mode* (estilista), *écrivain/écrivaine* (escritor/a) ou *artiste* (artista) para dizer a ela o que você quer ser.

Escreva as suas perguntas para praticar mais a escrita em francês.

_____
_____
_____
_____
_____
_____
_____
_____
_____
_____
_____
_____

LIÇÃO 4 — Gramática

Pretérito perfeito dos verbos regulares

O pretérito perfeito – ou *passé composé* – é formado da seguinte maneira: verbo *avoir* (conjugado) como auxiliar antes do particípio passado (*participe passé*) do verbo principal.

Verbos terminados em *-er*

Para formar o particípio passado dos verbos terminados em *-er*, retira-se a terminação *-er* e acrescenta-se *-é*, como no caso do verbo *travailler* (trabalhar).

j'	ai	travaill**é**	eu trabalhei
tu	as	travaill**é**	tu trabalhaste/você trabalhou
il/elle	a	travaill**é**	ele/ela trabalhou
nous	avons	travaill**é**	nós trabalhamos
vous	avez	travaill**é**	vós trabalhastes/ vocês trabalharam
ils/elles	ont	travaill**é**	eles/elas trabalharam

Verbos terminados em *-ir*

Para formar o particípio passado dos verbos terminados em *-ir*, retira-se a terminação *-ir* e acrescenta-se *-i*, como no caso do verbo *finir* (acabar).

j'	ai	fin**i**	eu acabei
tu	as	fin**i**	tu acabaste/você acabou
il/elle	a	fin**i**	ele/ela acabou
nous	avons	fin**i**	nós acabamos
vous	avez	fin**i**	vós acabastes/você acabou
ils/elles	ont	fin**i**	eles/elas acabaram

Verbos terminados em *-re*

Para formar o particípio passado dos verbos terminados em *-re*, retira-se a terminação *-re* e acrescenta-se *-u*, como no caso do verbo *vendre* (vender).

j'	ai	vend**u**	eu vendi
tu	as	vend**u**	tu vendeste/você vendeu
il/elle	a	vend**u**	ele/ela vendeu
nous	avons	vend**u**	nós vendemos
vous	avez	vend**u**	vós vendestes/você vendeu
ils/elles	ont	vend**u**	eles/elas venderam

Atividade A

Complete as lacunas com os verbos no *passé composé*.

1. Tu _____ huit heures hier (ontem).
   travailler

2. Elle _____ beaucoup de livres le mois dernier (mês passado).
   vendre

3. L'année dernière (ano passado), j' _____ le tableau (quadro).
   finir

4. Nous _____ au bureau la semaine dernière (semana passada).
   travailler

Atividade B

Reescreva as frases abaixo no *passé composé*.

1. Je travaille au bureau.
   _____

2. Vous vendez des livres de français.
   _____

3. Elle habite en France.
   _____

4. Tu manges une salade.
   _____

5. Elle entend la question.
   _____

6. Marie et moi oublions de fermer la porte.
   _____

LIÇÃO 5
Une demande d'emploi

Um formulário de emprego

Nicolas está se candidatando a *un poste de correcteur* (revisor de textos) no *Le Monde*. *Un jour* (um dia) ele quer ser jornalista. Veja o *formulaire de candidature* (formulário de emprego) dele e responda às questões abaixo.

DICAS

Para ajudá-lo a entender um texto ou uma conversa:

- lembre-se que há muitos cognatos (mas também muitos falsos cognatos!) entre o francês e o português. Por exemplo: *éditorial, secrétaire, banc, assistant, spécialisation*.
- se não conhecer alguma palavra, preste atenção à sua raiz. Desse modo você pode, muitas vezes, descobrir o significado: **journal**iste → *journal*; **travail**ler → *travail*.

Demande d'emploi pour Le Monde

Nicolas Delatour	04 92 83 58 59
Nom	Numero de téléphone
10, Place Saint-Claire, 16100 Cognac, France	
Adresse	

FORMATION :

Université	Spécialisation	de – à
la Sorbonne	Journalisme	2005 – 2009

EXPÉRIENCE PROFESSIONNELLE :

Crédit Lyonnais	secrétaire
Employeur	Poste
juin 2004 – septembre 2005	Grégoire Durand
de – à	Patron

Libération	assistant éditorial
Employeur	Poste
mai 2008 – présent	Marie-Pascale Jennepin
de – à	Patron

Dernier salaire : €28.000
Salaire souhaité : €33.000
Poste désiré : correcteur
Pourquoi désirez-vous ce poste ?
Parce qu'un jour, je voudrais être journaliste. À Libération, j'ai beaucoup appris. Comme correcteur, j'apprendrai beaucoup plus.

Atividade A
Com base no formulário, complete as frases abaixo.

1. Nicolas Delatour está se candidatando ao cargo de _____.
2. Ele estudou jornalismo na Sorbonne durante _____ anos.
3. Seu primeiro emprego foi no _____.
4. Desde maio de 2008 ele trabalha no _____.
5. Ele acredita que aprenderá mais trabalhando no _____.

Atividade B
O verbo *souhaiter* (desejar) tem sentido próximo ao do verbo *vouloir*. Você consegue adivinhar o significado das expressões abaixo?

1. poste souhaité _____
2. salaire souhaité _____

DICA

Porquoi significa "por que" em orações interrogativas e *parce que* equivale a conjunção "porque": *Porquoi voulez-vous travailler ici?* (Por que você quer trabalhar aqui?) *Je veux travailler ici parce que l'histoire m'intéresse* (Eu quero trabalhar aqui porque tenho interesse em história).

LIÇÃO 6
Palavras úteis

Palavras essenciais

l'assistant/l'assistante	assistente
l'employé/l'employée	empregado/empregada
le patron/la patronne	patrão/patroa/chefe
le secrétaire/la secrétaire	secretário/secretária
le salaire	salário

Palavras extras

les affaires	negócios
beaucoup (de)	muito
difficile	difícil
dur	duro
l'entreprise	empresa
facile	fácil
intéressant/intéressante	interessante

Atividade A
Circule a palavra que melhor responde às perguntas.

1. Que palavra não se refere a um tipo de trabalho?
   a assistant b secrétaire c salaire

2. Que palavra não muda sua terminação no feminino?
   a assistant b patron c secrétaire

3. Que pessoa supervisiona o escritório?
   a correcteur b patron c assistant

4. Como você chama o dinheiro que recebe por seu trabalho?
   a employé b salaire c travail

Atividade B
Complete a cruzadinha com as "palavras essenciais".

Horizontais
1. Une personne qui aide (ajuda).
4. Paiement (pagamento) pour mon travail.
5. Cette personne paye mon salaire.
6. Il travaille pour moi. C'est mon _____.

Verticais
2. Cette personne organise les choses dans le bureau.
3. Je suis journaliste. C'est mon _____.

Sua vez
Imagine que você tem uma *enterprise*. Faça uma lista de pessoas que você precisará contratar. Quantos *employés* serão? Quantos serão *assistants* e *secrétaires*? Qual será o *salaire* de cada *employé*?

Profissões — Unidade 9

LIÇÃO 7
Frases úteis

Frases essenciais

Pourquoi désirez-vous ce poste ?	Por que você deseja este cargo?
Parce que je veux être journaliste.	Porque eu quero ser jornalista.
J'aime aider.	Eu gosto de ajudar.
J'aime écrire.	Eu gosto de escrever.
Pendant combien de temps y avez-vous travaillé ?	Durante quanto tempo você trabalhou lá?
J'y ai travaillé pendant trois mois.	Eu trabalhei lá durante três meses.
C'est plus facile que ___.	É mais fácil do que ___.
C'est plus difficile que ___.	É mais difícil do que ___.

Frases extras

| Il/Elle paye plus. | Esse paga mais. |
| Il/Elle paye moins. | Esse paga menos. |

DICAS

- Para especificar quanto tempo você trabalhou ou morou em algum lugar, use as palavras *pendant* (durante) e *depuis* (desde, há – quando se refere a tempo). *Pendant* serve para situações que já se encerraram, enquanto *depuis* serve para situações que começaram no passado e continuam no presente. Exemplos: *J'ai travaillé à Paris pendant huit ans* (Eu trabalhei em Paris durante oito anos). *J'habite en France depuis deux mois.* (Moro na França há dois meses).

- Para dizer o que você gosta de fazer, use *j'aime* seguido pelo verbo referente à ação no infinitivo: *j'aime jouer* (eu gosto de jogar/brincar/tocar algum instrumento), *j'aime chanter* (eu gosto de cantar), *j'aime lire* (eu gosto de ler).

Atividade A

O que você acha? Escreva *plus facile* ou *plus difficile* para comparar os tipos de trabalho.

1. Le travail d'un médecin est _____ que le travail d'un dentiste (dentista).

2. Le travail d'un professeur est _____ que le travail d'un ingénieur (engenheiro).

3. Le travail d'un journaliste est _____ que le travail d'un avocat (advogado).

4. Le travail d'un secrétaire est _____ que le travail d'un créateur de mode (estilista).

Atividade B

O que você diz quando quer...

1. perguntar a uma pessoa por que ela quer ser jornalista?

   _____

   _____

2. falar que você gosta de ajudar?

   _____

   _____

3. perguntar a uma pessoa quanto tempo ela trabalhou em determinado lugar?

   _____

   _____

4. informar que você trabalhou em algum lugar por dois anos?

   _____

   _____

88 Unidade 9 Profissões

LIÇÃO 8 — Gramática

Futuro dos verbos regulares

Para formar o futuro dos verbos regulares terminados em -er e -ir, acrescente as seguintes terminações aos verbos no infinitivo:

je	travailler**ai**	eu trabalharei
tu	travailler**as**	tu trabalharás/você trabalhará
il/elle	travailler**a**	ele/ela trabalhará
nous	travailler**ons**	nós trabalharemos
vous	travailler**ez**	vós trabalhareis/vocês trabalharão
ils/elles	travailler**ont**	eles/elas trabalharão

Exemplos

Nous ne travaillerons pas la semaine prochaine.
Nós não trabalharemos na próxima semana.

Quand est-ce que vous finirez le livre ?
Quando você vai terminar esse livro?

Para formar o futuro dos verbos regulares terminados em -re, retire o e final e acrescente as seguintes terminações aos verbos no infinitivo.

je	vendr**ai**	eu venderei
tu	vendr**as**	tu venderas/você venderá
il/elle	vendr**a**	ele/ela venderá
nous	vendr**ons**	nós venderemos
vous	vendr**ez**	vós vendereis/vocês venderão
ils/elles	vendr**ont**	eles/elas venderão

Exemplo

Je vendrai plus demain.   Venderei mais amanhã.

Atividade A

Complete as frases abaixo colocando os verbos indicados no futuro.

1. Qu'est-ce que tu _____ le vendredi ? (étudier)
2. Je _____ dans la salle de classe plus tard. (travailler)
3. Elles _____ une carte postale demain. (écrire)
4. Lundi, nous _____ au bureau. (travailler)

Atividade B

Esta é a lista de desejos de Laure para o próximo ano. Use os verbos no futuro para dizer o que ela quer fazer.

1. étudier le chinois
   _____
2. aider ma famille
   _____
3. rendre visite à mes cousins
   _____
4. lire un livre de Proust
   _____
5. corriger ma thèse (tese)
   _____
6. voyager une fois par mois (uma vez por mês)
   _____

Unidade 9 — Revisão

Atividade A
Complete a cruzadinha abaixo.

HORIZONTAIS
3 difícil
5 professor

VERTICAIS
1 estudante
2 secretário
4 fácil

Atividade B
Complete as perguntas. Use os verbos no *passé composé* ou no futuro.

1 Quand _____ ?
   Elles travailleront samedi prochain.

2 Quand _____ ?
   J'ai fini le livre samedi dernier.

3 Quand _____ ?
   Elle vendra plus de livres la semaine prochaine.

Atividade C
Agora escreva a questão ou a resposta que está faltando.

1 Quand est-ce que Marie travaillera au bureau ?
   _____

2 Quand est-ce que tu as vendu le DVD ?
   _____

3 Elle visitera le Royaume-Uni en avril.
   _____

4 Nous avons mangé une pizza pour le déjeuner.
   _____

Atividade D
As frase abaixo estão erradas. Reescreva-as corretamente.

1 Quel est ton travaille ?
   _____

2 Pour qui est-ce que tu travaillez ?
   _____

3 Quel salary souhaites-tu ?
   _____

4 Quand est-ce qu'ils finira le livre ?
   _____

Desafio
Que outra palavra francesa você conhece para *difficile*?
_____

Que outra palavra francesa você conhece para *vouloir*?
_____

Atividade na internet
Está procurando emprego? Acesse **www.berlitzbooks.com/5minute** para verificar uma seleção de mecanismos de busca de empregos em francês. Quantas vagas para *assistant/assistante* você consegue encontrar? E para *secrétaire* e *professeur*? Quais são os *salaires* oferecidos para cada cargo?

Unidade 10 — Em casa/Saindo para passear

Nesta unidade você aprenderá:
- a conversar sobre coisas para fazer em casa ou em um apartamento.
- a usar o imperativo para dar ordens e instruções.
- a usar expressões para sair à noite.
- a usar vocabulário sobre lugares.
- o pretérito dos verbos *aller* e *être*.

LIÇÃO 1 — Aide-moi !

Um e-mail de Eve

Eve está escrevendo um e-mail para o seu irmão David. Ela está pedindo a ajuda dele para limpar seu apartamento (note que, como são irmãos, o tratamento entre eles é informal.)

```
Date :    mardi, le 26 avril
De :      Eve
À :       David
Sujet :   Aide-moi !
```

Bonjour David,
Peux-tu m'aider à ranger mon appartement ? Papa et maman arriveront demain et l'appartement est en désordre. Je veux d'abord ramasser les vêtements et ranger le placard de la salle de bain. Ensuite, je veux nettoyer le sol et repeindre ma chambre. Comment peux-tu m'aider ? Tu ramasses les vêtements et je range le placard. Puis, nous nettoyons le sol et repeignons les murs ensemble.
Aide-moi, s'il te plaît !
Bisous,
Eve

en désordre	bagunçado	peindre	pintar
ramasser	juntar/recolher	repeindre	repintar/retocar
nettoyer	limpar	ensemble	juntos
Ne t'inquiète pas.	Não se preocupe.		

Atividade A
Circule a resposta correta.

1. Com o que Eve precisa de ajuda?
   - **a** com sua casa
   - **b** com seu apartamento
2. Quem vai visitar Eve no dia seguinte?
   - **a** seus pais
   - **b** seus tios
3. O que Eve pediu a David?
   - **a** organizar seu guarda-roupas
   - **b** recolher suas roupas
4. O que Eve sugere que eles façam juntos?
   - **a** organizar
   - **b** pintar

Resposta de David

```
Date :    mardi, le 26 avril
De :      David
À :       Eve
Sujet :   Aide-moi !
```

Bonjour Eve,
Oui, je peux t'aider. Mais je ne veux pas ramasser tes vêtements. Tu ramasses tes vêtements et je range le placard. Puis, nous nettoyons et repeignons ensemble. Ne t'inquiète pas. Je t'aiderai.
À bientôt,
David

Atividade B
Leia a resposta de David. Depois, responda em francês às perguntas.

1. David vai ajudar Eve?
   _____
2. O que David não quer fazer?
   _____
3. O que David quer fazer?
   _____
4. Qual tarefa David quer fazer com Eve?
   _____

LIÇÃO 2 — Palavras úteis

Palavras essenciais

l'appartement	apartamento
la chambre	quarto
la cuisine	cozinha
les pièces	cômodos
le placard	guarda-roupas
la salle à manger	sala de jantar
la salle de bain	banheiro
la salle de séjour	sala de estar

Palavras extras

les escaliers	escadas
la fenêtre	janela
le jardin	jardim
le sol	chão

Atividade A

Complete os espaços com as palavras corretas em francês. Para as partes do diálogo em primeira pessoa, responda de acordo com a sua casa.

Ami Est-ce que tu habites dans une maison ou _____ ?
_{um apartamento}

Moi J'habite dans _____.

Ami Combien de _____ y a-t-il ?
_{cômodos}

Moi Il y a _____.

Ami Quelles sont _____ les plus grandes ?
_{os cômodos}

Moi Il y a la/les _____, la salle à manger,
_{quarto(s)}
la cuisine et la salle de séjour.

Atividade B

Observe as fotos. Depois, escolha a palavra correta do quadro abaixo para nomear cada imagem.

la salle de bain	la chambre	la cuisine
la salle à manger	le placard	la salle de séjour

1  _____   2 _____

3  _____   4 _____

5  _____   6 _____

DICA CULTURAL

Atenção: *la salle de bain* tem sentido diferente de *les toilletes*. Na *salle de bain* você vai encontrar chuveiro, banheira e pia. Nos *toilletes* você encontrará o vaso sanitário e a pia.

LIÇÃO 3
Frases úteis

Frases essenciais

Peux-tu m'aider ? Você pode me ajudar?
Oui, je peux t'aider. Sim, posso ajudá-lo(a).
Non, je ne peux pas t'aider. Não, não posso ajudá-lo(a).
Qu'est-ce que tu veux que je fasse ? O que quer que eu faça?
Tout de suite. Agora.

Frases extras

Aide-moi s'il te plaît ! Ajude-me, por favor!
Donne-moi un coup de main. Dê-me uma mão/ uma ajudinha.

À bientôt. Até logo.
Bisous Beijos

DICA

Você notou que o pronome informal *tu* foi usado nas frases acima? Isso aconteceu porque essas frases vêm do diálogo entre irmãos da lição 1 desta unidade. Lembre-se de usar o pronome formal *vous* quando falar com pessoas que não sejam muito próximas, ou seja, que não sejam seus familiares ou amigos. Se você precisar de ajuda em uma loja, deve dizer *Pouvez-vous m'aider ?* em vez de *Peux-tu m'aider ?*

Atividade A
O que você diz quando quer…

1 pedir que alguém o ajude?
   _____

2 dizer que você não pode ajudar alguém?
   _____

3 perguntar a alguém o que ele(a) quer que você faça?
   _____

4 dizer "imediatamente"?
   _____

Atividade B
Coloque o diálogo na ordem correta. Enumere as frases de 1 a 4.

Oui, je peux t'aider. Qu'est-ce que tu veux que je fasse ? #

Ramasse les vêtements. #

Tout de suite. #

Peux-tu m'aider ? #

Em casa/Saindo para passear — Unidade 10

LIÇÃO 4
Gramática

O verbo *pouvoir* (poder)
O verbo *pouvoir* é irregular. Veja abaixo sua conjugação no presente.

je	peux	eu posso
tu	peux	tu podes/você pode
il/elle	peut	ele/ela pode
nous	pouvons	nós podemos
vous	pouvez	vós podeis/vocês podem
ils/elles	peuvent	eles/elas podem

Atividade A
O que cada pessoa pode fazer? Complete as lacunas com a conjugação correta do verbo *pouvoir*.

1 Elle _____ écrire.
2 Il _____ chanter.
3 Ils _____ nettoyer.
4 Elle _____ peindre.

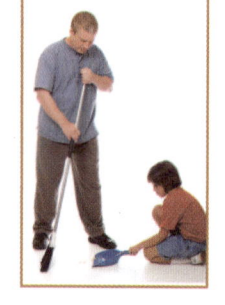

Imperativo
Assim como no português, o imperativo em francês é usado para dar uma ordem. No imperativo você não deve usar o pronome pessoal, pois a conjugação verbal já indica a quem a ordem é dirigida. Veja abaixo alguns verbos no imperativo:

aider
(tu)	Aides !	Ajuda (tu)!/Ajude (você)!
(vous)	Aidez !	Ajude!
(nous)	Aidons !	Ajudemos!

ramasser
(tu)	Ramasses !	Recolhe (tu)! Recolha (você)
(vous)	Ramassez !	Recolha!
(nous)	Ramassons !	Recolhamos!

Atividade B
Brigitte precisa fazer algumas coisas em sua casa. Ela chamou seus filhos para ajudá-la. Use os verbos e os substantivos e escreva as ordens dadas por ela.

_____
ramasser/les vêtements

_____
peindre/la chambre

_____
organiser/le placard

_____
nettoyer/le sol

Em casa/Saindo para passear

LIÇÃO 5
Où est-ce que tu es allé ?

DICAS
Você deve ter notado que o pronome *nous* se repete na terceira frase do diário. Como *amuser* é um verbo reflexivo, cada *nous* tem uma função: o primeiro equivale ao nosso pronome pessoal do caso reto e o segundo, ao pronome pessoal reflexivo: *Nous nous sommes bien amusés* (Nós nos divertimos muito).

Registro diário
Leia a página do diário de Chantal que fala sobre onde ela foi esta semana.

> le 10 mai
>
> J'ai passé une bonne semaine. Avant-hier, mes amis et moi sommes allés à un concert de rock. Nous nous sommes bien amusés. Hier, ma mère et moi sommes allées dans un magasin pour acheter des vêtements. Ensuite, je suis allée en boîte avec mon copain et nous avons dansé toute la nuit. J'espère que nous retournerons danser très bientôt !

s'amuser	divertir-se
toute la nuit	durante toda a noite
ensuite	em seguida

Atividade A
Circule a resposta correta.

1. O que Chantal fez anteontem?
   a. Ela foi a um show.   b. Ela foi a uma danceteria.
2. O que Chantal fez ontem?
   a. Ela foi a um show.   b. Ela foi a uma loja.
3. O que Chantal fez na noite passada?
   a. Ela foi a uma danceteria.   b. Ela foi a um show.
4. O que Chantal quer fazer novamente?
   a. comprar roupas.   b. dançar.

Atividade B
Responda em francês às perguntas.

1. Como tem sido a semana de Chantal?
   _____
2. Como foi o show que ela foi anteontem?
   _____
3. O que Chantal fez depois das compras?
   _____
4. Quem foi com ela?
   _____

Atividade C
Escreva o que Chantal fez em cada dia.

1. avant-hier
   _____
2. hier
   _____
3. hier soir
   _____

DICA DE PRONÚNCIA
A palavra "boate" em português vem da francesa *boîte*, que significa literalmente "caixa", mas também pode ser usada com o sentido de "casa noturna". É possível que você ouça a palavra *discothèque* (discoteca), porém esta última é considerada um pouco antiquada.

Em casa/Saindo para passear — Unidade 10

LIÇÃO 6
Palavras úteis

Palavras essenciais

aujourd'hui	hoje
avant-hier	anteontem
hier	ontem
hier soir	ontem à noite
la semaine dernière	semana passada
le bar	bar
le cinéma	cinema
le concert	show
danser	dançar
le film	filme
le théâtre	teatro

Atividade A
Aonde as pessoas das fotos abaixo foram na noite passada? Dê o nome em francês de cada lugar.

1 _____ 2 _____

3 _____ 4 _____

Atividade B
Aujourd'hui, c'est mercredi. Escreva *hier soir, hier, avant-hier* ou *la semaine dernière* para dizer quando você fez cada atividade.

1 Mardi, j'ai dansé. _____

2 Lundi, j'ai vu un film. _____

3 Mercredi dernier, je suis allé/allée à un concert. _____

4 Mardi soir, je suis allé/allée dans un bar. _____

Atividade C
Complete a cruzadinha em francês.

HORIZONTAIS
2 ontem
3 semana passada

VERTICAIS
1 hoje
4 ontem à noite
5 anteontem

LIÇÃO 7
Frases úteis

Frases essenciais

Qu'est-ce que tu as fait hier soir/hier/ avant-hier/ la semaine dernière ?	O que você fez ontem à noite/ontem/anteontem/ semana passsada?
Qu'est-ce que tu veux faire ?	O que você quer fazer?
Je veux rester à la maison.	Quero ficar em casa.
Je veux sortir.	Eu quero sair.

Frases extras

Sortons.	Vamos sair.
Allons prendre un pot.	Vamos beber algo/tomar alguma coisa.

Atividade A
O que você diz quando quer...

1 perguntar a uma pessoa o que ela fez na semana passada?
_____

2 perguntar a alguém o que ele(a) quer fazer?
_____

3 dizer que você quer sair?
_____

4 dizer que você quer ficar em casa?
_____

DICA CULTURAL
Paris é conhecida por sua vida noturna. As pessoas podem sair para jantar às 20 horas e ficar a noite toda fora. Geralmente, as casas noturnas não abrem antes da meia-noite e funcionam até o amanhecer.

Atividade B
Édouard quer sair com Manon esta noite, mas ela não quer. Ele sugere diferentes atividades, mas Manon não se interessa por nenhuma. Coloque o diálogo na ordem correta para descobrir o que Édouard decidiu fazer. (Note que o tratamento entre eles é informal porque são amigos.)

___ **Édouard** Mais moi, je ne veux pas rester à la maison. Veux-tu aller danser ?

___ **Manon** Nous sommes allés au cinéma hier soir.

_1_ **Édouard** Qu'est-ce que tu veux faire ce soir ?

___ **Édouard** Veux-tu aller au cinéma ?

___ **Manon** Je veux rester à la maison ce soir.

___ **Édouard** Nous restons donc à la maison ce soir.

___ **Manon** Je suis allée danser avec mes amies hier.

Escreva em francês o que Édouard decidiu fazer naquela noite.

_____
_____
_____
_____
_____
_____

Sua vez
Qu'est-ce que tu veux faire ce soir ?

_____
_____
_____
_____

Em casa/Saindo para passear — Unidade 10

LIÇÃO 8
Gramática

Pretérito do verbo *aller* com o auxiliar *être*

Para formar o *passé composé* do verbo *aller*, é preciso utilizar o verbo *être* como auxiliar fazendo a concordância de gênero e número.

je	suis allé/allée	eu fui
tu	es allé/allée	tu foste/você foi
il/elle	est allé/allée	ele/ela foi
nous	sommes allés/allées	nós fomos
vous	êtes allés/allées	vós fostes/vocês foram
ils/elles	sont allés/allées	eles/elas foram

Exemplos

Elle est allée au magasin hier. — Ela foi à loja ontem.

Il est allé à la maison ce matin. — Ele foi para casa esta manhã.

Atividade A
Circule a melhor palavra para completar cada frase.

1. Il est _____ au concert hier.
   - **a** allé
   - **b** allées

2. Je _____ allée chez le dentiste.
   - **a** sont
   - **b** suis

3. Nous _____ allées au match du foot.
   - **a** avons
   - **b** sommes

4. Ils sont _____ au cinéma.
   - **a** allées
   - **b** allés

Atividade B
Preencha as lacunas com o verbo *aller* no *passé composé*.

1. Je _____ chez ma mère hier soir.
2. Tu _____ travailler hier.
3. Il _____ à l'école ce matin.
4. Nous _____ au concert avant-hier.
5. Ils _____ au cinéma lundi dernier.
6. Mes amis _____ à Bruxelles l'année dernière.

Atividade C
Agora traduza as frases da atividade anterior.

1. _____
2. _____
3. _____
4. _____
5. _____
6. _____

Sua vez
Responda as questões a seguir em francês.

1. Qu'est-ce que tu as fait hier soir ?

   _____
   _____
   _____

2. Qu'est-ce que tu as fait avant-hier ?

   _____
   _____
   _____

Unidade 10 — Revisão

Atividade A
Desembaralhe as letras para formar palavras, usando as imagens como dicas.

1 o i l t e t t e   _ _ _ _ _ _ _ _

2 m l f i   _ _ _ _

3 s r d a n e   _ _ _ _ _ _

4 d r i p e n e   _ _ _ _ _ _ _

5 u s i c n e i   _ _ _ _ _ _ _

Atividade B
Circule as frases que melhor se encaixam no diálogo.

1 **Bruno** Qu'est-ce que tu veux faire ce soir ?

   Agnès Je suis fatiguée.
   a **J'ai écouté de la musique hier.**
   b **Je veux rester à la maison ce soir.**

2 **Bruno** Non, je veux danser ! Sortons.

   Agnès Non, Bruno.
   a **J'ai dansé avec mes amies hier soir.**
   b **Nous sommes allées au cinéma hier.**

3 **Bruno** Veux-tu aller prendre un pot dans un bar ?

   Agnès Non.
   a **J'ai déjà mangé ce soir.**
   b **J'ai déjà bu du vin ce soir.**

4 **Bruno** Et le cinéma ? Allons voir un film !

   Agnès Non.
   a **Je veux rester à la maison.**
   b **Qu'est-ce que tu as fait hier soir ?**

Atividade C
Reescreva as frases abaixo no passado. Lembre-se de usar o auxiliar *être*.

1 Vous allez à l'ecole.
   _____

2 Où est-ce que tu vas ?
   _____

3 Nous allons à la bibliothèque.
   _____

4 Je vais au restaurant.
   _____

Atividade D
Use o imperativo dos verbos *aider* ou *ramasser* para escrever as seguintes ordens ou pedidos.

1 ajude-me a limpar (tu):
   _____

2 ajude-a (vous):
   _____

3 junte suas roupas (tu):
   _____

4 junte seus livros (vous):
   _____

Desafio
Faça perguntas com o verbo *pouvoir* utilizando as frases da atividade D. Por exemplo, no item 1 você deve perguntar: *Peux-tu m'aider à ranger ?*

Atividade na internet
Acesse **www.berlitzbooks.com/5minute** e encontre o endereço de sites nos quais estudantes de francês podem conversar com falantes nativos. Pergunte-lhes o que fizeram *hier, hier soir, avant-hier* na *semaine dernière*.

Unidade 11 Corpo e saúde

Nesta unidade você aprenderá:
- vocabulário referente ao corpo e à saúde.
- advérbios de tempo.
- a descrever os sintomas e doenças comuns.
- o futuro dos verbos utilizando *aller* + infinitivo.

LIÇÃO 1 — Je suis malade

Diálogo

Odette pergunta a seu amigo Robert se ele quer jogar tênis, mas ele está doente. Eles combinam de jogar outro dia. Ouça a conversa deles.

Robert Bonjour, Odette. Qu'est-ce que tu vas faire aujourd'hui ?

Odette Je vais jouer au tennis. Tu veux venir jouer avec moi ?

Robert Non, aujourd'hui je ne peux pas sortir parce que je suis malade.

Odette Quel dommage ! Si tu veux et si tu vas mieux, nous allons jouer jeudi ou vendredi.

Robert Oui, très bien. Si je vais mieux, nous allons jouer jeudi ou vendredi.

Odette D'accord. Appelle-moi jeudi et soigne-toi bien.

DICA
Lembre-se de que Robert e Odette são amigos, por isso eles se comunicam utilizando *tu* em vez de *vous*.

Atividade A
Circule a resposta correta.

1. Quando Odette vai jogar tênis?
   - a hoje
   - b amanhã
2. Por que Robert não vai jogar tênis com Odette?
   - a Ele não quer.
   - b Ele não pode.
3. Quando ele quer jogar?
   - a quinta-feira
   - b sexta-feira
4. Quem vai ligar na sexta-feira?
   - a Odette
   - b Robert

Atividade B
Na sexta-feira seguinte, Robert envia uma mensagem de texto a Odette. Leia a mensagem dele e a resposta dela. Depois, responda às perguntas.

> Je suis désolé, Odette, je ne peux pas jouer aujourd'hui. Je suis toujours malade. Nous allons jouer dimanche ou lundi.

> Quel dommage ! Soigne-toi bien et appelle-moi dimanche.

1. Por que Robert não pode jogar tênis na sexta-feira?
   - a Ele ainda está doente.
   - b Ele não quer.
2. O que Odette responde a Robert?
   - a para não ligar
   - b que ele se sinta melhor
3. Quando eles vão voltar a se falar?
   - a domingo
   - b segunda-feira

LIÇÃO 2
Palavras úteis

Palavras essenciais

Les sports (Esportes)

le baseball	baseball
le cyclisme	ciclismo
le football	futebol
la natation	natação
le tennis	tênis

La santé (Saúde)

gras/grasse	gordo/gorda
malade	doente
mince	magro
peser	pesar
le poids	peso
sain/saine	saudável
le stress	estresse
stressé/stressée	estressado/estressada

Atividade A
Escreva o nome dos esportes mostrados nas imagens.

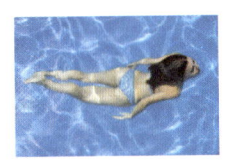

1 _____
2 _____
3 _____
4 _____

Atividade B
Preencha as lacunas com as palavras corretas em francês.

1 Quel est votre _____ ?
   peso

2 Il ne veut pas être _____.
   gordo

3 Elle mange bien pour rester _____
   magra
   et _____.
   saudável

4 Pourquoi êtes-vous _____ ?
   estressada

5 Es-tu _____ Robert ?
   doente

Atividade C
Escolha a opção que traduza corretamente a palavra em português.

1 magro
   a le stress   b mince

2 futebol
   a le football   b le baseball

3 pesar
   a peser   b le poids

4 saudável
   a malade   b sain

DICA
Para dizer que alguém vai fazer ginástica, utilize a expressão *faire de la gymnastique*. Exemplo: *Anaïs fait de la gymnastique* (Anaïs faz ginástica).

Corpo e saúde — Unidade 11

LIÇÃO 3
Frases úteis

Frases essenciais

Je suis malade.	Eu estou doente.
Je suis en bonne santé.	Eu estou bem/saudável.
Je veux être en forme.	Eu quero ficar em forma.
Je veux perdre du poids.	Eu quero perder peso.
Je veux prendre du poids.	Eu quero ganhar peso.

Frases extras

Je crois que oui.	Acho que sim.
Je suis désolé/désolée.	Sinto muito.
Quel dommage !	Que pena!
Soigne-toi bien.	Melhoras.

Atividade A
O que você diz quando quer…

1 dizer que está se sentindo bem?

_____

2 dizer que quer ficar em boa forma?

_____

3 dizer que está doente?

_____

4 dizer que quer perder peso?

_____

Atividade B
Escolha a expressão correta para cada imagem.

1
a Je suis malade.
b Je suis en bonne santé.

2
a Je veux être en forme.
b Je suis malade.

3
a Je veux perdre du poids.
b Je suis en bonne santé.

4
a Je veux perdre du poids.
b Je veux prendre du poids.

5
a Je suis en bonne santé.
b Je veux prendre du poids.

DICA

Atenção: o termo *santé* significa saúde, enquanto *sain/saine* quer dizer "são, saudável". A frase *Je suis en bonne santé* significa literalmente "Eu estou com boa saúde."

102 Unidade 11   Corpo e saúde

LIÇÃO 4
Gramática

O futuro dos verbos utilizando *aller*

Na unidade 9, você aprendeu como conjugar os verbos no futuro. Este tempo também pode ser formado utilizando-se o verbo *aller* + infinitivo do verbo principal.

Exemplos

Je vais jouer au tennis.	Eu vou jogar tênis.
Tu vas voir le dentiste.	Você vai ver o dentista.
Nous allons habiter au Sénégal.	Nós vamos morar no Senegal.
Ils vont parler au professeur.	Eles vão falar com o professor.

Atividade A

Usando os pronomes e os verbos, escreva o que cada pessoa vai fazer.

1 il, écrire _____
2 je, danser _____
3 elles, étudier _____
4 nous, jouer _____
5 tu, manger _____
6 elle, courir _____

DICA

O futuro com o verbo *aller* é utilizado quando se fala sobre um plano próximo. Essa forma é mais comum do que o futuro simples (*futur simple*) e é chamada de *futur proche*. Há maior chance de você ouvir alguém dizendo *Je vais jouer au tennis la semaine prochaine* (Eu vou jogar tênis na próxima semana) em vez de *Je jouerai au tennis la semaine prochaine* (Eu jogarei tênis na próxima semana).

Atividade B

Elabore uma pergunta para cada resposta. A primeira já foi feita para você.

1 Tu vas regarder le film vendredi.
   Quand est-ce que tu vas regarder le film ?

2 Elle va me téléphoner demain.
   _____

3 Nous allons habiter à Bruges.
   _____

4 Fabien va te téléphoner.
   _____

5 Émille et Arnaud vont boire de la bière.
   _____

6 Vous allez manger du coq au vin.
   _____

Sua vez

Observe as imagens e diga o que vai acontecer.

1 _____
   _____
   _____

2 _____
   _____
   _____

3 _____
   _____
   _____

4 _____
   _____
   _____

Corpo e saúde — Unidade 11

LIÇÃO 5 — La médecine

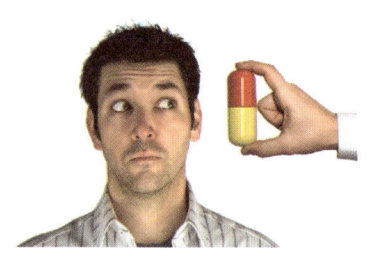

Anúncios de remédios
Leia o anúncio abaixo.

Le médicament contre le rhume

Il combat la fièvre et la toux.

Il atténue le mal de tête et de gorge.

Grâce à ce médicament, vous vous sentirez tout de suite mieux.

Vous n'avez pas besoin d'aller chez le médecin !

Vous n'avez pas besoin d'ordonnance !

Vous pouvez prendre ce médicament tous les jours.

atténuer	atenuar
le rhume	resfriado
ordonnance	receita médica

Atividade A
Circule a resposta correta.

1. Do que trata o anúncio?
   - a remédio para resfriado
   - b remédio para dor

2. O que esse remédio trata?
   - a febre
   - b dor de estômago

3. O que esse remédio alivia?
   - a dor de dente
   - b dor de cabeça

4. Por que você não precisa consultar um médico para comprar esse remédio?
   - a porque não precisa de receita.
   - b porque o remédio não é restrito.

5. Com que frequência você deve tomar esse remédio?
   - a uma vez por mês
   - b todos os dias

Médicament contre la toux

Soigne le mal de gorge.

Atténue la fièvre et la migraine.

À prendre deux fois par semaine.

Pour tout de suite se sentir mieux !

Ce médicament est uniquement délivré sur ordonnance.

Atividade B
Circule a resposta correta.

1. Do que trata o anúncio?
   - a remédio para o estômago
   - b remédio para tosse

2. O que esse remédio trata?
   - a dor de cabeça
   - b dor de garganta

3. O que esse remédio alivia?
   - a febre
   - b dor de dente

4. Com que frequência deve-se tomar esse remédio?
   - a todos os dias
   - b duas vezes por semana

5. É necessário consultar um médico para tomar esse remédio?
   - a sim
   - b não

Atividade C
Complete as frases para comparar os dois medicamentos.

Les deux médicaments soignent _____.
Le médicament contre la toux soigne _____, et la contre le rhume soigne _____.

DICA CULTURAL
As farmácias na França são identificadas por uma cruz verde e azul de neon.
Os farmacêuticos podem auxiliá-lo e dar *conseils pharmaceutiques* (conselhos famacêuticos) sobre alguns medicamentos.

LIÇÃO 6
Palavras úteis

Palavras essenciais

la fièvre	febre
le mal de gorge	dor de garganta
le mal de tête	dor de cabeça
le mal au ventre	dor de estômago
la rage de dent	dor de dente
le rhume	resfriado
la toux	tosse
le dentiste/la dentiste	dentista
l'hôpital	hospital
l'injection	injeção
le médecin	médico
le médicament	medicamento
l'ordonnance	receita médica

Atividade A
Circule as palavras que melhor completam as frases.

1. J'ai une toux. J'ai besoin d'un _____.
   a dentiste b médecin

2. J'ai mal aux dents. Je vais _____.
   a à l'hospital b chez le dentiste

3. J'ai de la fièvre. Le médecin va vous donner une _____ pour acheter des médicaments.
   a injection b ordonnance

4. J'ai mal à la tête. J'ai besoin de/d'_____.
   a médicament b une injection

5. J'ai un rhume. Je vais _____.
   a chez le médecin b chez le dentiste

Atividade B
As pessoas retratadas nas fotos abaixo não estão se sentindo bem. Escreva o que cada uma delas tem.

1 _____
2 _____
3 _____
4 _____

Sua vez
Vous êtes médecin ? Fale sobre o seu paciente. Qu'est-ce qu'il a ? Il a besoin de quoi ?

_____
_____
_____
_____

DICA
Para dizer o que você está sentindo, use o verbo *avoir*. Exemplos:
J'ai mal à la tête. Eu estou com dor de cabeça.
J'ai mal au ventre. Estou com dor de estômago.
J'ai mal aux dents. Estou com dor de dente.

LIÇÃO 7 — Frases úteis

Frases essenciais

Où est-ce que ça fait mal ?	Onde está doendo?
J'ai mal au bras.	Meu braço dói.
J'ai mal au dos.	Minhas costas doem.
J'ai mal à la main.	Minha mão dói.
J'ai mal au pied.	Meus pés doem.
J'ai mal à la jambe.	Minhas pernas doem.

Frases extras

Pouvez-vous me recommander un médecin/dentiste ?	Você pode me recomendar um médico/dentista?
Vous devez voir un médecin/dentiste.	Você deve consultar um médico/dentista.

Atividade A

Você está esperando para ser atendido por um médico. Diga ao *infirmier*/à *infirmière* como você se sente, descrevendo os sintomas. Escolha palavras ou frases do quadro para fazer a descrição.

le mal de tête	bras	J'ai mal au ventre.
le mal de gorge	fièvre	J'ai mal au bras.

_____
_____
_____
_____

Atividade B

Faça *le raport d'infirmieri/infirmière* (histórico de enfermagem) com base no que você disse a ele(a) na atividade anterior.

_____
_____
_____

Atividade C

Observe as figuras e complete as frases.

1. Elle a mal à la _____.
2. Elle a mal au _____.
3. Elle a mal au _____.
4. Il a mal au _____.

DICAS

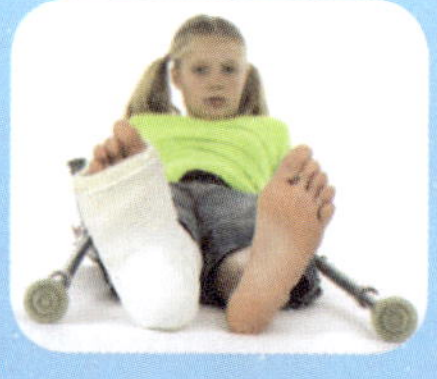

- Quando falar sobre as partes do corpo em francês, não use os pronomes possessivos como *mon/ma/mes*, mas os artigos definidos *le/la/les*. Por exemplo: *J'ai mal à la jambe* (minhas pernas doem) literalmente significa "Tenho a perna mal".
- *Devoir* é um verbo irregular em *-ir* e significa "dever", "ter de", "precisar". Por exemplo: *Vous devez voir un dentiste* (Você precisar ir ao dentista).

LIÇÃO 8
Gramática

Advérbios de tempo
Use as palavras abaixo quando falar sobre a frequência com que algumas coisas acontecem.

souvent	frequentemente
parfois	às vezes
jamais	nunca
toujours	sempre
une fois/deux fois	uma vez/duas vezes
d'habitude	como de costume/geralmente
tous les jours	todos os dias

Exemplos

Je joue souvent au baseball.	Jogo beisebol frequentemente.
D'habitude, Robert est en forme.	Geralmente, Robert está em forma.
Je ne fais jamais de gymnastique.	Nunca faço ginástica.
Je cours tous les jours.	Eu corro todos os dias.

Atividade A
Escolha a palavra que melhor descreve a frequência com que você pratica essas atividades.

1 Je vais danser.
 a toujours   b parfois   c jamais

2 Je joue au football.
 a toujours   b parfois   c jamais

3 Je joue au tennis deux fois par semaine.
 a toujours   b parfois   c jamais

4 Je vais au gymnase.
 a toujours   b parfois   c jamais

Atividade B
Traduza as frases abaixo para o francês.

1 Às vezes fico doente.
 _____

2 Eu sempre vou fazer ginástica.
 _____

3 Eu costumo estar saudável.
 _____

4 Eu jogo tênis uma vez por semana.
 _____

5 Eu nunca tomo remédio.
 _____

Atividade C
Agora, traduza estas perguntas.

1 Você sempre vai à academia às sextas?
 _____

2 Françoise joga futebol toda semana?
 _____

Sua vez
Diga em francês quais atividades você pratica com as frequências indicadas abaixo.

1 tous les jours _____
2 souvent _____
3 jamais _____
4 d'habitude _____

> **DICA**
> Quando for usar *jamais*, lembre-se de colocar a frase na forma negativa. *Jamais* deve entrar no lugar da partícula de negação *pas*. Exemplos: *Je ne vais jamais chez le médecin* (Eu nunca vou ao médico); *Je ne prends jamais ce médicament* (Eu nunca tomo este remédio).

Corpo e saúde — Unidade 11

Unidade 11 — Revisão

Atividade A
Les frères Arnaud e Georges nunca entram em acordo! Se Arnaud diz alguma coisa, George imediatamente diz o oposto. Preencha as lacunas do diálogo com o contrário do que Arnaud diz.

Arnaud Je suis malade.
Georges _____
   Eu estou saudável.

Arnaud Je vais aller chez le dentiste.
Georges _____
   Eu não vou ao dentista.

Arnaud J'ai mal au ventre.
Georges _____
   Eu não tenho dor de estômago.

Arnaud Je ne veux pas aller chez le médecin.
Georges _____
   Eu quero ir ao médico.

Arnaud Je cours parce que je veux perdre du poids.
Georges _____
   Eu pratico exercícios porque quero ganhar peso.

Atividade B
O que há de errado com estas frases? Reescreva-as para que fiquem corretas.

1 J'ai mal au tête.
   _____

2 Je va habiter en France.
   _____

3 Je court deux fois par semaine.
   _____

4 Thierry allez courir au parc.
   _____

5 Nous allons mange les sandwiches.
   _____

6 J'ai mal à la pied.
   _____

Atividade C
Desembaralhe as letras para formar palavras, usando as imagens como dicas.

1 y i l c c e s m   _ _ _ _ _ _ _

2 s e n t i n   _ _ _ _ _ _

3 ê e t a t m l e d   _ _ _ _ _ _ _ _ _

4 n e d c a é m t i m   _ _ _ _ _ _ _ _ _ _

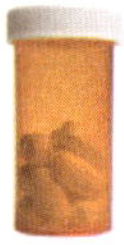

5 è r e f v i   _ _ _ _ _ _

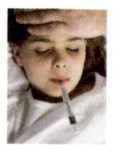

6 e s t i t e n d   _ _ _ _ _ _ _ _

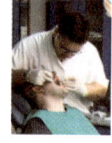

Desafio
Responda às seguintes perguntas sobre você.

Qu'est-ce que vous allez manger demain pour le dîner ?
_____

Quel sport pratiquez-vous d'habitude ?
_____

Qu'allez-vous faire la semaine prochaine ?
_____

Atividade na internet
Acesse **www.berlitzbooks.com/5minute** para encontrar uma lista de sites de academias em francês. Escolha uma academia e descubra o que você pode fazer lá, a que horas e por qual valor. Para quais esportes você se increveria?

Glossário Francês-Português

A

l'adresse	endereço
l'aéroport	aeroporto
américain	americano
américaine	americana
anglais	inglês
anglaise	inglesa
l'appartement	apartamento
l'argent	dinheiro
l'arrêt d'autobus	ponto de ônibus
l'assistant	assistente (m)
l'assistante	assistente (f)
aujourd'hui	hoje
l'autobus	ônibus
l'automne	outono
avant-hier yesterday	anteontem
l'avenue	avenida
l'avion	avião

B

le bagage	bagagem
le bar	bar
le baseball	beisebol
belge	belga
la Belgique	Bélgica
la bibliothèque	biblioteca
la bière	cerveja
le billet	ticket/bilhete
blanc/blanche	branco/branca
bleu/bleue	azul
le blouson	jaqueta/blusão
boire	beber
la boisson	bebida
bon/bonne	bom/boa
les bottes	botas
le Brésil	Brasil
brésilien	brasileiro
brésilienne	brasileira
le bureau	escritório

C

le café	café
le Canada	Canadá
canadien	canadense (m)
canadienne	canadense (f)
la carte bancaire	cartão de débito
la carte de crédit	cartão de crédito
la chambre	quarto
le chapeau	chapéu
le chat	gato
chaud	calor
la chemise	camisa
le chemisier	camisa feminina
le chèque	cheque
le chien	cachorro
le cinéma	cinema
le coin	esquina
le concert	concerto
à côté de	ao lado de
la couleur	cor
le cousin	primo
la cousine	prima
la cravate	gravata
la cuisine	cozinha
le cyclisme	ciclismo

D

danser	dançar
la dentiste	dentista (f)
le dentiste	dentista (m)
derrière	atrás
le dollar	dólar
à droite	à direita

Glossário Francês-Português

E

l'eau	água
l'école	escola
l'église	igreja
l'employé	empregado
l'employée	empregada
les enfants	crianças
Espagne	Espanha
espagnol	espanhol
espagnole	espanhola
en espèces	em dinheiro
les États-Unis	Estados Unidos
l'été	verão
l'étudiant	estudante (m)
l'étudiante	estudante (f)
extra large	extragrande

F

en face de	em frente a
la famille	família
la femme	mulher, esposa
la fièvre	febre
la fille	menina, filha
le film	filme
le fils	filho
le football	futebol
français	francês
française	francesa
la France	França
le frère	irmão
froid	frio
le fromage	queijo
le fruit	fruta

G

les gants	luvas
le garçon	menino
la gare	estação de trem
la gare routière	terminal rodoviário
à gauche	à esquerda
la glace	sorvete
grand/grande	grande
la grand-mère	avó
le grand-père	avô
les grands-parents	avós
gras/grasse	gordo/gorda
le gymnase	ginásio, academia

H

une heure	hora
à __ heures pile	às __ em ponto
hier	ontem
hier soir	ontem à noite
l'hiver	inverno
l'homme	homem
l'hôpital	hospital
humide	úmido

I

l'immeuble	imóvel, construção
l'injection	injeção

J

jaune	amarelo
le jus	suco

Glossário Francês-Português

L

le jour	dia
le journal	jornal
le/la journaliste	o/a jornalista
la jupe	saia
le lait	leite
les légumes	legumes
du liquide	líquido
loin de	longe de

M

le magasin	loja
le magazine	revista
la maison	casa
le mal de gorge	dor de garganta
le mal de tête	dor de cabeça
le mal au ventre	dor de barriga
malade	doente
manger	comer
le manteau	casaco
le mari	marido
marron	marrom
le médecin	médico
le médicament	medicamento
la mère	mãe
mince	magro
une minute	minuto
moyen	médio/de estatura média (m)
moyenne	média (adj.)/de estatura média (f)

N

la natation	natação
la neige	neve
le neveu	sobrinho
la nièce	sobrinha
noir/noire	preto/preta
la nourriture	comida
le nuage	nuvem
le numéro	número

O

les œufs	ovos
l'oiseau	pássaro
l'oncle	tio
l'ordonnance	receita médica

P

le pain	pão
le pantalon	calça
les pâtes	massas
les parents	pais
le passeport	passaporte
le patron	patrão, chefe
la patronne	patroa, chefe
le père	pai
peser	pesar
petit/petite	pequeno/pequena
le petit-fils	neto
la petite-fille	neta
la pièce	cômodo
le placard	guarda-roupas
la pluie	chuva
le poids	peso
la pomme	maçã
les pommes de terre	batatas
la poste	correio
le poulet	frango
prendre	pegar, tomar
près de	perto
le printemps	primavera
le professeur	professor
la profession	profissão

Glossário Francês-Português

R

la rage de dent	dor de dente
le reçu	recibo
le rhume	resfriado
le riz	arroz
la robe	vestido
rose	rosa
rouge	vermelho
le Royaume-Uni	Reino Unido
la rue	rua

S

sain/saine	são/sã
la saison	estação do ano
la salade	salada
le salaire	salário
la salle	sala
la salle à manger	sala de jantar
la salle de bain	banheiro
la salle de classe	sala de aula
la salle de séjour	sala de estar
les sandales	sandálias
la santé	saúde
une seconde	segundo
le/la secrétaire	secretário/secretária
la semaine	semana
la semaine dernière	semana passadar
le Sénégal	Senegal
la sœur	irmã
le soleil	sol
la soupe	sopa
les sports	esportes
la station de métro	estação de metrô
le stress	estresse
Suisse	Suíça
suisse	suíço(a)
le supermarché	supermercado

T

la taille	tamanho
la tante	tia
la tarte	torta
une taxe	imposto
le tee-shirt	camiseta
le téléphone	telefone
le temps	tempo
le tennis	tênis
le thé	chá
le théâtre	teatro
la toux	tosse
le travail	trabalho
travailler	trabalhar

V

les vacances	férias
la valise	mala
le vent	vento
vert/verte	verde
les vêtements	roupas
la viande	carne
violet/violette	roxo
la voiture	carro
le vol	voo
le voyage	viagem

Glossário Francês-Português

Números

zéro	0
un	1
deux	2
trois	3
quatre	4
cinq	5
six	6
sept	7
huit	8
neuf	9
dix	10
onze	11
douze	12
treize	13
quatorze	14
quinze	15
seize	16
dix-sept	17
dix-huit	18
dix-neuf	19
vingt	20
trente	30
trente-et-un	31
trente-deux	32
trente-trois	33
trente-quatre	34
trente-cinq	35
quarante	40
cinquante	50
soixante	60

Dias da semana

lundi	segunda-feira
mardi	terça-feira
mercredi	quarta-feira
jeudi	quinta-feira
vendredi	sexta-feira
samedi	sábado
dimanche	domingo

Meses do ano

janvier	janeiro
février	fevereiro
mars	março
avril	abril
mai	maio
juin	junho
juillet	julho
août	agosto
septembre	setembro
octobre	outubro
novembre	novembro
décembre	dezembro

Glossário Francês-Português

Países/nacionalidades

	Francês	Português
	la Allemagne	Alemanha
	allemand	alemão
	allemande	alemã
	la Australie	Austrália
	australien	australiano
	australienne	australiana
	le Brésil	Brasil
	brésilien	brasileiro
	brésilienne	brasileira
	la Belgique	Bélgica
	belge	belga
	le Cameroun	Camarões
	camerounais	camaronense (m)
	camerounaise	camaronense (f)
	le Canada	Canadá
	canadien	canadense (m)
	canadienne	canadense (f)
	le Espagne	Espanha
	espagnol	espanhol
	espagnole	espanhola
	le États-Unis	Estados Unidos
	américain	americano
	américaine	americana

Glossário Francês-Português

Países/nacionalidades

	le France	França
	français	francês
	française	francesa
	le Haïti	Haiti
	haïtien	haitiano
	haïtienne	haitiana
	la Irlande	Irlanda
	irlandais	irlandês
	irlandaise	irlandesa
	le Italie	Itália
	italien	italiano
	italienne	italiana
	le Portugal	Portugal
	portugais	português
	portugaise	portuguesa
	le Royaume-Uni	Reino Unido
	anglais	inglês
	anglaise	inglesa
	le Sénégal	Senegal
	sénégalais	senegalês
	sénégalaise	senegalesa
	la Suisse	Suíça
	suisse	suíço
	suisse	suíça

Glossário Francês-Português

Cores

Les couleurs — cores

blanc/blanche
branco/branca

rose
rosa

bleu/bleue
azul

rouge
vermelho

jaune
amarelo

vert/verte
verde

marron
marrom

violet/violette
roxo/roxa

noir/noire
preto/preta

Estações do ano

l'automne
outono

l'hiver
inverno

l'été
verão

le printemps
primavera

Glossário Francês-Português

Palavras extras

les affaires	negócios	l'enterprise	empresa
aîné	mais velho	l'escale	escala
aînée	mais velha	les escaliers	escadas
après-midi	tarde (período do dia)	facile	fácil
l'article	artigo	le fenêtre	janela
beaucoup (de)	muito	l'hôtel	hotel
le beau-fils	genro	intéressant	interessante (m)
le beau-frère	cunhado	intéressante	interessante (f)
le beau-père	sogro	le jardin	jardim
la belle-fille	nora	jouer	jogar, tocar, brincar
la belle-mère	sogra	matin	manhã
la belle-sœur	cunhada	la monnaie	moeda corrente
cadet	mais novo	nager	nadar
cadette	mais nova	la pièce	moeda (metal)
les centimes	centavos	le portefeuille	carteira
courir	correr	porter	portar, usar
un demi	metade (m)	un quart	um quarto
une demie	metade (f)	la réservation	reserva
difficile	difícil	soir	noite
dur	duro	le sol	solo, chão
l'employeur	empregador	voyager	viajar
l'employeuse	empregadora		

Respostas das atividades

Unidade 1 Lição 1

Atividade A

1 V; 2 V; 3 F; 4 V

Atividade B

Je m'appelle Martine. Comment vous appelez-vous ?; Je m'appelle Pierre. Enchanté.; Je suis française. Et vous, d'où venez-vous ?; Je suis belge.

Lição 2

Atividade A

1 Bonjour !; 2 Comment vous appelez-vous ?; 3 D'où venez-vous ?; 4 Au revoir !

Atividade B

1 Bonsoir.; 2 Bonne nuit.; 3 Bonjour.

Lição 3

Atividade A

l'Amerique du Nord: 3
l'Europe, de cima para baixo: 5; 4; 1
l'Afrique: 2

Atividade B

Da esquerda para a direita: 3; 1; 4; 2

Lição 4

Atividade A

1 je; 2 elle; 3 il; 4 tu

Atividade B

1 elles; 2 ils; 3 nous; 4 nous

Atividade C

1 je; 2 elle; 3 il; 4 elles; 5 ils

Lição 5

Atividade A

langue; nationalité; français; brésilien

Atividade B

1 canadien/canadienne; 2 belge; 3 français; 4 pays

Lição 6

Atividade A

1 française; 2 américaine; 3 anglais; 4 australien

Atividade B

1 espagnole; 2 anglaise; 3 française; 4 américaine; 5 canadienne

Lição 7

Atividade A

1 Vous êtes français/française ?; 2 Je parle bien.; 3 Je parle un peu.

Sua vez

As respostas podem variar. Respostas possíveis:
P1 Bonjour ! Vous êtes français?   R1 Oui, je suis français.
P2. Parlez-vous français?   R2 Oui, je parle bien.

Lição 8

Atividade A

1 suis; 2 es; 3 Es; 4 est

Atividade B

1 êtes; 2 sommes; 3 sont; 4 sont

Sua vez

êtes; suis; êtes; suis; est

Revisão

Atividade A

Nom	Pays	Nationalité
Madeleine	la France	française
Paul	la Belgique	belge
Claire	le Canada	canadienne
Brian	les États-Unis	américain
Katie	le Royaume-Uni	anglaise

Atividade B

1 Tu es américain/américaine.; 2 Lisa est espagnole.; 3 Vous êtes canadien/canadienne.; 4 Émile est français.

Atividade C

Guide Bonjour ! Bienvenue en France !
Alex   Bonjour ! Je m'appelle Alex Cromwell. Et vous, comment vous appelez-vous ?
Guide Je m'appelle Marc. Enchanté.
Alex   Enchanté. Vous êtes français ?
Guide Oui. D'où venez-vous ?
Alex   Je viens des États-Unis. Parlez-vous anglais ?
Guide Un peu.
Alex   Je parle anglais et français.
Guide Bien!
Alex   Au revoir, Marc.
Guide Au revoir !

Atividade D

```
L E D É T A T S U N I S   S   S O S
É Y P I O S E É N Ç N A I   É L   B
N A A T L C S N A N   A D A N A C
A D A N N C A É U D P O L   É A   B
C A N A D I E N N E   P C G G   E E
Á U R A N A D É E N S E N   A H L
E F R A N Ç A I S   G N W A L U G
B E L G I Q U E N E Q O S Á D   E
```

Desafio

Belgique; belge

Atividade E

1 Bonjour ! Je m'appelle Laure.; 2 Nous sommes du Canada.; 3 Corinne est de la Belgique. Corinne est belge.; 4 Marc est américain.; 5 Je parle français.; 6 Annie est canadienne.

Respostas das atividades

Unidade 2 Lição 1

Atividade A
1 V; 2 F; 3 V; 4 V

Atividade B
1 personnes: garçons; filles; hommes; femmes.; 2 choses: maisons; immeubles; voitures; autobus.; 3 animaux: chats; chiens

Lição 2

Atividade A
1 a. oiseau; b. femme; c. homme; d. garçon. 2 a. homme; b. autobus; c. chien; d. garçon; e. immeuble; f. chat; g. femme; h. voiture

Atividade B
1 masculin; 2 masculin; 3 féminin; 4 féminin; 5 masculin; 6 féminin; 7 masculin; 8 masculin

Lição 3

Atividade A
1 Regarde les gens !; 2 Regarde les animaux !

Atividade B
As respostas podem variar. Respostas possíveis:
Chère Elaine,
Je m'amuse bien ici, et j'apprends (un peu) de français. Regarde les gens ! Regarde les maisons ! Regarde le chien ! Regarde les animaux ! Tu me manques.

Lição 4

Atividade A
1 hommes; 2 sacs; 3 crayons; 4 oiseaux

Atividade B
1 le; 2 la; 3 les; 4 les; 5 la; 6 l'

Atividade C
1 le chat; 2 les femmes; 3 les voitures; 4 la maison

Sua vez
1 la; 2 les; 3 le; 4 le; 5 la

Lição 5

Atividade A
1 c; 2 b; 3 d; 4 a

Atividade B
Rue: rue Servan; Numéro: 10. Ville: Lyon; Pays: France

Lição 6

Atividade A
dix-neuf
vingt-quatre, vingt-cinq, vingt-six, vingt-sept, vingt-huit, vingt-neuf

Atividade B

1	un	4	quatre
6	six	9	neuf
13	treize	12	douze
18	dix-huit	15	quinze
10	dix	22	vingt-deux
30	trente	14	quatorze

Atividade C
1 Rua catorze; 2 Avenida Victor Hugo, 26; 3 Telefone: (178) 375-4219; 4 CEP: 38001

Lição 7

Atividade A
As respostas podem variar. Respostas possíveis:
Je m'appelle _____.; Mon adresse est _____.; Ma date de naissance est _____; Mon numéro de téléphone est le _____.

Atividade B
1 a; 2 b; 3 a; 4 b

Lição 8

Atividade A
je parle; tu parles; il/elle parle; nous parlons; vous parlez; ils/elles parlent

Atividade B
je finis; tu finis; il/elle finit; nous finissons; vous finissez; ils/elles finissent

Atividade C
Nick habite à dix Rue Oscar Freire; Júlia e Marcos habitent à vingt-quatre Rue treize mai; Amy et moi habitons à seize rue Flores.

Sua vez
J'enseigne portugais et français.; Amandine enseigne portugais.

Revisão

Atividade A
1 trois garçons; 2 une maison; 3 deux téléphones; 4 cinq femmes

Atividade B
1 Thierry habite à vingt-cinq Rue de Rivoli; 2 Le numéro de téléphone de Thierry est zéro cinq, zéro six, quatre cinq, cinq six, six six.; 3 Corrine et Mark habitent à trente Avenue Baudin; 4 Le numéro de téléphone de Christine est zéro quatre, trois trois, cinq deux, sept cinq, un neuf; 5 David habite à quinze Rue Perronet.

Desafio
As repostas podem variar. Respostas possíveis: Il habite à Rua Consolação.; Elle habite à Avenue Paulista.; Il est brésilien.; Elle parle portugais.

Atividade C
1 les; 2 les; 3 le; 4 la

Atividade D

Astrid Bonjour ! Comment vous appelez-vous ?
Vous Bonjour ! Je m'appelle (seu nome).
Astrid Bien. Quel est votre numéro de téléphone ?
Vous Mon numéro de téléphone est (seu número).
Astrid Quelle est votre adresse ?
Vous Mon adresse est (seu endereço).
Astrid Et le code postal ?
Vous Mon code postal est (o CEP da sua rua).
Astrid Pour finir, quelle est votre date de naissance ?
Vous Mon date de naissance est (sua data de aniversário).
Astrid Excellent ! Bienvenue à l'Institut de langues de Marseille !
Vous Merci.

Respostas das atividades

Unidade 3 Lição 1

Atividade A
1 dix-huit heures; 2 oui; 3 cinquante-cinq minutes; 4 Lyon

Atividade B
1 Quelle heure est-il ?; 2 Il est dix-huit heures.; 3 Il est tôt ! Combien de temps reste-t-il avant la fin du match ?; 4 Il reste cinquante-cinq minutes.

Lição 2

Atividade A
1 Il est seize heures moins le quart.; 2 Il est treize heures et quart.; 3 Il est vingt heures et demie.; 4 Il est minuit.

Atividade B
1 Il est tôt !; 2 Il est tard !; 3 Il est tôt !; 4 Il est tard !

Atividade C
1 Quelle heure est-il ?; 2 Il est tôt !; 3 Il est tard !; 4 Il est deux heures.

Lição 3

Atividade A
1 quarante-quatre; 2 trente-deux; 3 soixante-sept; 4 cinquante-huit

Atividade B
1 Il reste quinze minutes.; 2 Il reste six heures et vingt-huit minutes.; 3 Il reste une heure et quarante-cinq minutes.; 4 Il reste une minute.

Sua vez
Il est seize heures et douze minutes. Il reste trente-trois minutes.; Il est seize heures et vingt-deux minutes. Il reste vingt-trois minutes.; Il est seize heures et trente-deux minutes. Il reste treize minutes.; Il est seize heures et quarante-deux minutes. Il reste trois minutes.

Lição 4

Atividade A
je réponds
tu réponds
il/elle répond
nous répondons
vous répondez
ils/elles répondent

Atividade B
1 Je vends. 2 Nous répondons. 3 Elle descend. 4 Elles attendent.

Sua vez
As respostas podem variar. Respostas possíveis:
La femme attend.
La fille descend les escaliers.

Lição 5

Atividade A
1 a; 2 a; 3 a; 4 a

Atividade B
1 faire ses devoirs; 2 appeler Maud; 3 faire la lessive; 4 aller chez le médecin

Lição 6

Atividade A
1 dimanche; 2 lundi et jeudi; 3 vendredi; 4 mardi; 5 mercredi et samedi

Atividade B
1 lundi, le 17 novembre; 2 samedi, le 5 juin; 3 mercredi, le 21 septembre; 4 vendredi, le 8 avril; 5 mardi, le 31 janvier; 6 dimanche, le 12 août; 7 jeudi, le 25 mars; 8 dimanche, le 14 octobre; 9 lundi, le 29 mai; 10 mardi, le 2 décembre; 11 vendredi, le 15 juillet; 12 mercredi, le 18 février

Lição 7

Atividade A
1 b; 2 b; 3 a; 4 b

Atividade B
1 Quel jour sommes-nous ?; 2 Quelle est la date aujourd'hui ?; 3 Quel mois sommes-nous ?; 4 Quelle année sommes-nous ?

Lição 8

Atividade A
1 fais; 2 fait; 3 font; 4 faisons

Atividade B
1 c; 2 a; 3 b; 4 d

Sua vez
As respostas podem variar. Respostas possíveis:
Je fais des achats le samedi.
Je fais du football le dimanche.

Revisão

Atividade A
A ordem das atividades pode variar. Ordem possível:
2 Amélie appelle Alain à vingt et un heures moins le quart.; 3 Amélie fait la cuisine à dix-huit heures.; 4 Amélie fait la lessive à huit heures moins le quart.; 4 Amélie fait ses devoirs à onze heures et le quart.

Atividade B
1 Il reste deux heures, trente-quatre minutes et treize secondes.; 2 Il reste une heure et dix minutes.; 3 Il reste douze minutes et trente-neuf secondes.; 4 Il reste une heure, vingt-sept minutes et vingt-cinq secondes.

Atividade C
1 dimanche, le vingt et un mars; 2 samedi, le treize mars; 3 mardi, le vingt-trois mars; 4 lundi, le quinze mars

Respostas das atividades

Unidade 4 Lição 1

Atividade A

1 F; 2 F; 3 F; 4 V

Atividade B

1 a; 2 a; 3 b; 4 b

Lição 2

Atividade A

Il y a cinq personnes dans ma famille. Thomas, c'est mon père. Ma mère s'appelle Hélène. Rachel, c'est ma sœur. Paul est le mari de Rachel.

Atividade B

1 frère et sœur; 2 frère; 3 mère; 4 père; 5 parents; 6 fils; 7 fille; 8 enfants; 9 femme; 10 mari

Lição 3

Atividade A

1 Vous êtes combien dans ta famille ?; 2 Dans ma famille, nous sommes huit. Regarde la photo.; 3 Quelle grande famille !; 4 Oui, ma famille est grande. Est-ce que ta famille est grande ?; 5 Non. Ma famille est petite. Dans ma famille, nous sommes quatre.

Atividade B

1 Quelle petite famille !; 2 Quelle grande famille !; 3 Quelle grande famille !; 4 Quelle petite famille !

Sua vez

As respostas podem variar. Respostas possíveis:
Ma famille est petite. Dans ma famille, nous sommes trois.

Lição 4

Atividade A

1 ma; 2 ton; 3 Votre; 4 mes; 5 tes; 6 vos; 7 Notre; 8 nos

Atividade B

1 e; 2 b; 3 h; 4 d; 5 c; 6 g; 7 a; 8 f

Lição 5

Atividade A

1 son oncle.; 2 sa mère.; 3 son frère.; 4 sa tante.

Atividade B

1 cousin; 2 cousine; 3 grand-mère; 4 neveu

Lição 6

Atividade A

1 cousine; 2 neveu; 3 tante; 4 petit-fils; 5 grand-père; 6 grand-parents

Atividade B

1 a; 2 a; 3 a; 4 a; 5 a; 6 b

Lição 7

Atividade A

1 d; 2 c; 3 b; 4 a

Atividade B

1 Je t'aime.; 2 Je t'adore.; 3 J'ai une famille proche.; 4 Es-tu marié/mariée ?

Sua vez

As respostas podem variar. Respostas possíveis:
Je suis marié/mariée. Mes parents sont marié. Ma sœur est célibataire.

Lição 8

Atividade A

1 un grand-père; 2 des filles; 3 une femme; 4 des hommes

Atividade B

As respostas podem variar. Respostas possíveis: 1 Tu as un frère.; 2 J'ai un cousin.; 3 Elles ont deux tantes.; 4 Vous avez trois nièces.

Sua vez

As repostas podem variar. Respostas possíveis: 1 Oui, j'ai deux tantes./ Non, je n'ai pas des tantes.; 2 Oui, j'ai un neveu./ Non, je n'ai pas des neveux.; 3 Oui, mes oncles ont quatre enfants./ Non, mes oncles n'ont pas des enfants.; 4 Oui, mes cousins ont deux enfants. Non, mes cousins n'ont pas des enfants.

Revisão

Atividade A

Monique Voici mon grand-père, Alain. Et voilà ma grand-mère, Nathalie.
Antoine Et qui est cette femme ?
Monique C'est ma cousine, Michelle, et c'est son frère, Didier.
Antoine Cette dame, c'est ta mère ?
Monique Non, c'est ma tante, Carmen. C'est la sœur de ma mère. Michele et Didier sont ses enfants.
Antoine Alors, ta mère, c'est cette dame ?
Monique (laughs) Non, c'est ma tante, Lisette, la femme de mon oncle Maurice. C'est le frère de mon père.
Antoine Ta famille est grande. Mais où est (where is) ta mère ?
Monique Mes parents ne sont pas ici (are not here).

Atividade B

1 Nathalie est sa grand-mère.; 2 Michele et Didier sont ses cousins.; 3 Carmen et Lisette sont ses tantes.; 4 Maurice est son oncle.

Atividade C

As respostas podem variar. Respostas possíveis:
Antoine Ma famille est petite.
Antoine Non, je n'ai pas des frères.
Antoine Oui, j'ai deux oncles.

Atividade D

Antoine Cet homme, c'est votre neveu ?
Monique Non, c'est le neveu de monsieur.
Antoine Qui est cette femme ?
Monique Cette femme, c'est ma nièce.
Antoine Ces filles sont vos filles ?
Monique Non, ces filles sont mes petites-filles.

Atividade E

1 Ils ont deux enfants.; 2 Ils ont trois enfants.; 3 Elle a deux filles.; 4 Il a un fils.

Respostas das atividades

Unidade 5 Lição 1

Atividade A 1 V; 2 V; 3 F; 4 F

Atividade B 1 a; 2 b; 3 b; 4 b

Lição 2

Atividade A
1 les fruits; 2 le café; 3 la soupe; 4 la bière

Atividade B

As respostas podem variar. Respostas possíveis: 1 Je mange du pain et boire du café.; 2 Je mange des fruits et boire de l'eau.; 3 Je mange de la soupe et boire de la bière.

Lição 3

Atividade A 1 J'ai faim.; 2 J'ai soif.; 3 J'ai faim.; 4 J'ai soif.

Atividade B

1 J'ai envie de manger une salade.; 2 J'ai envie de boire une bière.

Atividade C 1 Prenons le petit-déjeuner.; 2 Déjeunons.; 3 Dînons.

Lição 4

Atividade A
1 Où; 2 Quelle; 3 Qui; 4 Quand; 5 Qui; 6 Quelle; 7 quoi; 8 Quelle

Atividade B

As respostas podem variar. Respostas possíveis: 1 Quelle fille est ta sœur ?; 2 Quand est-ce que vous travaillez ?; 3 Qui est cet homme ?; 4 Où est ta maison ?

Atividade C
1 Pourquoi; 2 Qui; 3 Quand; 4 Lequel/Laquelle; 5 Où

Sua vez

As respostas podem variar. Respostas possíveis:
1 Comment t'appelle ta mère ?; 2 Quelle heure est-il ?; 3 Qui sont ces hommes ?; 4 Où est-ce que vous habitez ?

Lição 5

Atividade A 1 b; 2 b; 3 a; 4 a

Atividade B 1 Quelle entrée voulez-vous ?; 2 Comme entrée, je prends une salade.; 3 Et comme plat principal ?; 4 Je voudrais le poulet aux pommes de terre.

Lição 6

Atividade A 1 entrée; 2 plat principal; 3 dessert; 4 plat principal

Atividade B 1 a; 2 b; 3 a

Sua vez As respostas podem variar. Respostas possíveis:

Menu
Entrées
Salade, Quiche
Plats principaux
Pâtes, Poulet
Desserts
Glace, Gâteau
Boissons
Thé, Jus

Lição 7

Atividade A

1 Bon appétit.; 2 L'addition, s'il vous plaît.; 3 C'est délicieux !; 4 Puis-je voir le carte des vins (s'il vous plaît) ?

Atividade B 1 b; 2 a; 3 b; 4 a

Sua vez

As respostas serão variadas.

Lição 8

Atividade A 1 veut; 2 voulons; 3 veulent; 4 Voulez

Atividade B

1 Je veux le poulet pour l'entrée.; 2 Je ne veux pas le fromage pour l'entrée.; 3 Je veux le poisson pour le plat principal.; 4 Je ne veux pas la viande pour le plat principal.; 5 Je veux le gâteau pour le dessert.; 6 Je ne veux pas la glace pour le dessert.

Revisão

Atividade A

Le déjeuner: 1 Je veux de la soupe et boire de l'eau.; 2 Tu veux de la soupe et boire de l'eau.; 3 Il/elle veut de la soupe et boire de l'eau.; 4 Nous voulons de la soupe et boire de l'eau.; 5 Vous voulez de la soupe et boire de l'eau.; 6 Ils/elles veulent de la soupe et boire de l'eau.

Le dîner: 1 J'aime bien du steak et boire de la bière.; 2 Tu aimes bien du steak et boire de la bière.; 3 Il/elle aime bien du steak et boire de la bière.; 4 Nous aimons bien du steak et boire de la bière.; 5 Vous aimez bien du steak et boire de la bière.; 6 Ils aiment bien du steak et boire de la bière.

Atividade B

Menu
Entrées
Quiche lorraine, Salade
Plats principaux
Poulet aux légumes
Steak frites
Dessert
Tarte au chocolat

Atividade C

Julien J'ai faim.
Eve Qu'est-ce que tu veux manger ?
Julien Je veux de manger du poulet.
Eve Allons au restaurant.
No carro
Julien Où est le restaurant ?
Eve C'est par là. (Apontando o restaurante descendo o quarteirão.)
No restaurante, antes de comer
Eve Qu'est-ce que tu veux pour le plat principal ?
Julien Je voudrais le poulet.
No restaurante, depois de comer
Eve L'addition, s'il vous plaît.

Respostas das atividades

Unidade 6 Lição 1

Atividade A

1 c; 2 d; 3 b; 4 a

Atividade B

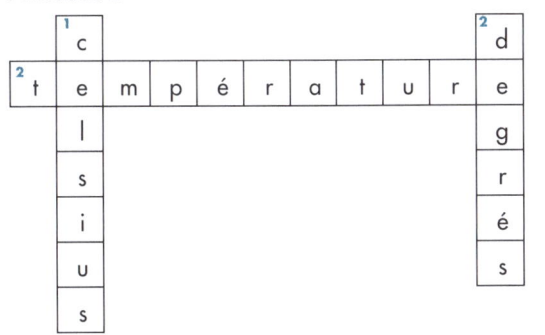

```
    1
    c
2 t e m p é r a t u r e
    l           2 d
    s           e
    i           g
    u           r
    s           é
                s
```

Lição 2

Atividade A

Quel temps fait-il à Haïti ?; Il fait chaud et il y a du soleil.; Quelle température fait-il ?; Environ trente-cinq degrés Celsius.; Ah bon ? Ici il fait froid. Il fait moins dix.

Atividade B

1 a; 2 a; 3 b; 4 b

Atividade C

1 d; 2 e; 3 b; 4 c; 5 a

Lição 3

Atividade A

A ordem pode variar. Ordem possível:

Quelle température fait-il ?	Quel temps fait-il ?
35°C	Il fait chaud.
6°C	Il fait mauvais.
1°C	Il fait froid.

Atividade B 1 b; 2 d; 3 a; 4 c

Atividade C 1 a; 2 a; 3 b

Lição 4

Atividade A

1 la belle fille; 2 le petit chat; 3 la voiture rouge; 4 le livre américain; 5 la table ronde

Atividade B 1 a; 2 a; 3 b; 4 a

Sua vez

As respostas podem variar.

Lição 5

Atividade A

activités en été: jouer au football, nager, courir, voyager
vêtements d'hiver: blouson, écharpe, gants, bottes

Atividade B

1 joga futebol; 2 verão e inverno; 3 inverno; 4 Canadá; 33

Lição 6

Atividade A

As respostas serão variadas. Ou *C'est ennuyant* ou *C'est amusant*.

Atividade B

1 Qu'est-ce que vous faites ?; 2 Qu'est-ce que vous faites d'habitude ?; 3 D'habitude, en hiver je fais...; 4 Vous avez raison.

Sua vez

As respostas podem variar.

Lição 7

Atividade A 1 les bottes; 2 les gants; 3 le chapeau

Atividade B 1 l'automne; 2 le printemps; 3 l'hiver; 4 l'été

Atividade C

1 un chapeau; 2 un blouson; 3 les sandales; 4 les gants

Lição 8

Atividade A 1 Marie se lave.; 2 Nous nous habillons.; 3 Tu te réveilles.; 4 Ils se rasent.

Atividade B

1 Ils se marient.; 2 Ils s'embrassent.; 3 Elles se parlent.; 4 Ils se téléphonent.

Revisão

Atividade A 1 b; 2 a; 3 b; 4 b; 5 a

Atividade B

1 le chat gris; 2 la belle maison; 3 un bon travail; 4 un homme africain; 5 une jeune fille

Atividade C 1 Il neige.; 2 Il fait froid.; 3 Il y a du vent.

Atividade D

```
S O L E I L Z S C S H K W Y J
X Ç L A C H A Q H I V E R V V
E H H R W K M Q A Z K W X P L
H D A N J V R A U T O M N E J
Q P Y C X Q Z M D D Y D P Y Ç
F D S L A P R I M A V É R A V
X D O B M N A B R Z E K P E E
Q A L F L M S O L E A D O I N
F P R I N T E M P S A T U R T
P L Z Z Q G A L Q A W P E H R
U U S T A C A L I D O D L L F
A I J U G A R È G F R O I D W
B E V F É R H V R E P J U O D
S Q W R T P K A P P J R N Y U
T E M P É R A T U R E L Q X N
```

Desafio

As respostas podem variar.

Respostas das atividades

Unidade 7 Lição 1

Atividade A

1 c; 2 b; 3 b

Atividade B

1 a; 2 b; 3 a

Lição 2

Atividade A

1 a; 2 a; 3 b; 4 a

Atividade B

1 Je cherche une robe.; 2 Je cherche une chemise moyenne.; 3 Cette chemise est trop large.; 4 Je cherche une taille petite.

Lição 3

Atividade A

1 le tee-shirt; 2 le pantalon; 3 la robe; 4 le chemisier; 5 la jupe

Atividade B

1 a; 2 a; 3 a; 4 a

Lição 4

Atividade A

1 m'habille; 2 met; 3 met; 4 portes

Atividade B

1 mettez; 2 mets; 3 mets; 4 mettons; 5 mettent

Sua vez

je	m'	habille
tu	t'	habilles
il/elle	s'	habille
nous	nous	habillons
vous	vous	habillez
ils/elles	s'	habillent

Lição 5

Atividade A

1 a; 2 b; 3 a; 4 b

Atividade B

1 a; 2 b; 3 b; 4 a

Lição 6

Atividade A

1 Acceptez-vous les cartes de crédit ?; 2 Combien coûte cette jupe ?; 3 Acceptez-vous les chèques ?; 4 Je paierai par carte de crédit.; 5 Combien coûte ce pantalon ?

Atividade B

1 chère; 2 chère; 3 bon marché; 4 bon marché

Lição 7

Atividade A

1 chèques; 2 carte de crédit; 3 reçu; 4 argent

Atividade B

J'ai 500 euros en espèces dans mon portefeuille. J'ai aussi une carte de crédit. Je vais acheter beaucoup de vêtements parce qu'il n'y a pas de taxe.

Lição 8

Atividade A

1 plus que; 2 moins que; 3 plus que; 4 moins que

Atividade B

1 Quelqu'un; 2 Personne; 3 Quelques; 4 quelque chose

Revisão

Atividade A

1 porte; 2 mettent; 3 portons; 4 s'habille

Desafio

je	mets
tu	mets
il/elle	met
nous	mettons
vous	mettez
ils/elles	mettent

Atividade B

1 La chemise coûte moins que la jupe. La jupe coûte plus que la chemise; 2 Le chemisier coûte moins que la robe. La robe coûte plus que le chemisier.; 3 Le manteau coûte plus que les chaussures. Les chaussures coûte moins que le manteau.; 4 Le pantalon coûte moins que la cravate. La cravate coûte plus que le pantalon.

Atividade C

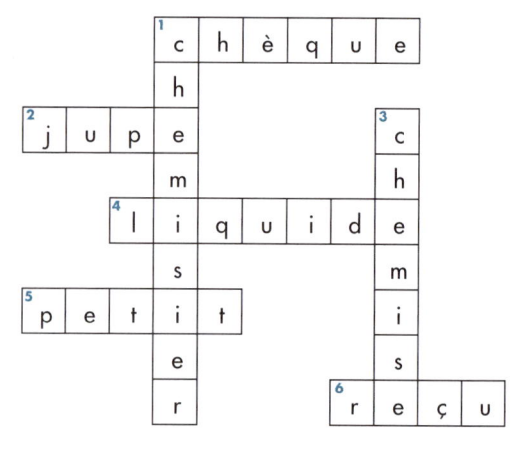

			1					
			c	h	è	q	u	e
			h					
2			e			3		
j	u	p	e			c		
			m			h		
		4						
		l	i	q	u	i	d	e
		s				m		
5								
p	e	t	i	t		i		
		e				s		
		r				6		
						r	e	ç	u

Respostas das atividades

Unidade 8 Lição 1

Atividade A

1 chegar; 2 pegar; 3 andar

Atividade B

1 la place du Parvis Notre-Dame; 2 à l'office de tourisme; 3 l'autobus ou le métro; 4 Elle veut voir la bibliothèque et les vieilles églises.

Lição 2

Atividade A

1 la bibliothèque; 2 la station de métro; 3 l'école; 4 l'église; 5 la gare; 6 l'arrêt d'autobus; 7 la poste; 8 le supermarché

Atividade B

1 b; 2 b; 3 a; 4 b

Lição 3

Atividade A

1 Je veux prendre l'autobus. Où est l'arrêt d'autobus ?; 2 Je veux prendre le train. Où est la gare routière ?; 3 Je veux prendre le métro. Où est la station de métro ?

Atividade B

1 Où est la gare ?; 2 Où est la station de métro ?; 3 La gare routière est près de l'école.; 4 Achetons une carte.

Atividade C

1 Tu prends l'autobus à l'église.; 2 L'arrêt d'autobus est derrière la poste.

Sua vez

Excusez-moi. Où est l'arrêt d'autobus ? Comment vais-je à l'arrêt d'autobus ? Merci beaucoup !

Lição 4

Atividade A

1 vont; 2 va; 3 allons; 4 vas

Atividade B

1 Allez; 2 vais; 3 vont; 4 allez

Atividade C

1 Ils vont au supermarché.; 2 Nous allons à la station de métro.; 3 Elles vont à l'école.; 4 Vous allez à l'église.

Lição 5

Atividade A

1 b; 2 a; 3 a; 4 a

Atividade B

22h; 14h

Lição 6

Atividade A

1 a; 2 a; 3 b; 4 b

Atividade B

1 b; 2 d; 3 e; 4 c; 5 a

Lição 7

Atividade A

1 Le vol part à douze heures et demie.; 2 Quelle est la porte des départs ?; 3 Quelle est la porte des arrivées ?; 4 L'avion arrive à dix-sept heures.

Atividade B

1 a; 2 a; 3 b

Atividade C

1 Le vol part à dix-sept heures.; 2 Le vol pour Strasbourg part à dix-sept heures vingt.

Sua vez

Le prochain vol pour Paris, vol un-six-neuf-neuf, part à dix heures vingt-trois minutes. Le vol arrive à treize heures et demi.

Lição 8

Atividade A

1 connais; 2 connais; 3 connaissons; 4 connaissez

Atividade B

1 Je le prends.; 2 Elle l'étudie.; 3 Tu la connais.; 4 Elles les prennent.

Sua vez

As respostas podem variar.

Revisão

Atividade A

Chère Claire, Ma mère est moi sommes à Montréal. Demain, nous partons pour la ville de Québec. Tu connais Québec ? Je le connais bien. Ensuite, nous allons à Halifax. Est-ce que tu connais Halifax ? Bises, Tristan

Atividade B

Mon voyage à Lyon. Je vais à Lyon en France. Mon vol part à 8h du matin. J'arrive à l'aéroport à 6h du matin. C'est si tôt ! J'ai mon billet, ma bagage et mon passeport. J'arrive à Lyon à 10h du matin et je cherche un autobus pour aller à l'hôtel. L'hôtel est près de la Place Bellecour. Je le connais. Il est derrière une église. Demain, je veux prendre le métro à l'Opéra National. J'ai besoin d'un ticket de métro. Ah, je l'ai.

Atividade C

Auguste	Où est la poste ?
Véronique	Achetons une carte.
Auguste	Regardons le carte. La poste est à droite de la bibliothèque.
Véronique	Oui, est c'est aussi derrière le supermarché.
Auguste	C'est l'arrêt d'autobus.
Véronique	Oui. Prenons le bus ici.

Desafio

je sais; tu sais; il/elle sait; nous savons; vous savez; ils/elles savent

Respostas das atividades

Unidade 9 Lição 1

Atividade A 1 a; 2 b; 3 b; 4 a

Atividade B 1 travaille; 2 a écrit; 3 culture; 4 commencera

Lição 2

Atividade A salle de classe; Le professeur; étudiants; journaliste; journal; magazine; étudiante

Atividade B
a. la salle de classe; b. l'étudiant; c. le professeur
a. le bureau; b. le journaliste; c. la journaliste

Lição 3

Atividade A 1 professeur; 2 journaliste; 3 Je veux être journaliste.; 4 Je veux être professeur.

Atividade B
1 Qu'est-ce que vous voulez faire ?; 2 Je veux être professeur.; 3 Quel est votre profession ?; 4 Je suis journaliste.

Sua vez

As respostas podem variar. Respostas possíveis:
Bonjour, je m'appelle Devon. Je suis journaliste. Quelle est votre profession ? Je veux être artiste.

Lição 4

Atividade A 1 as travaillé; 2 a vendu; 3 ai fini; 4 avons travaillé

Atividade B
1 J'ai travaillé au bureau.; 2 Vous avez vendu des livres de français.; 3 Elle a habité en France.; 4 Tu a mangé une salade.; 5 Elle a entendu la question.; 6 Marie et moi avons oublié de fermer la porte.

Lição 5

Atividade A
1 revisor de textos; 2 quatro anos; 3 Crédit Lyonnais; 4 Libération; 5 Le Monde

Atividade B
1 cargo desejado; 2 salário desejado

Lição 6

Atividade A 1 c; 2 c; 3 b; 4 b

Atividade B

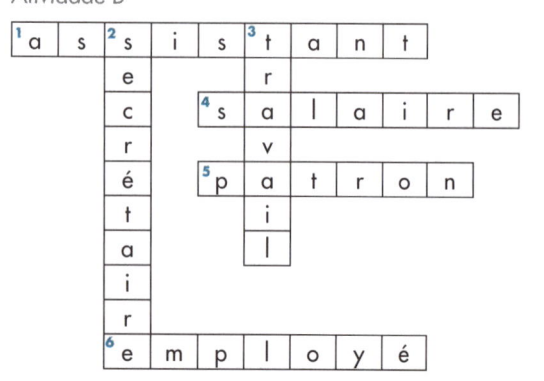

(palavras cruzadas)
1 assistant; 2 secrétaire; 3 travail; 4 salaire; 5 patron; 6 employé

Sua vez

As respostas podem variar.

Lição 7

Atividade A

As respostas podem variar.

Atividade B
1 Pourquoi désirez-vous être journaliste ?; 2 J'aime aider.; 3 Pendant combien de temps y avez-vous travaillé ?; 4 J'y ai travaillé pendant deux ans.

Lição 8

Atividade A
1 étudieras; 2 travaillerai; 3 écriront, 4 travaillerons

Atividade B
1 J'étudierai le chinois.; 2 J'aiderai ma famille.; 3 Je rendrai visite à mes cousins.; 4 Je lirai un livre de Proust.; 5 Je corrigerai ma thèse.; 6 Je voyagerai une fois par mois.

Revisão

Atividade A

(palavras cruzadas)
1 étudiante; 2 secrétaire; 3 difficile; 4 facile; 5 professeur

Atividade B
1 Quand est-ce qu'elles travailleront ?; 2 Quand est-ce que tu as fini le livre ?; 3 Quand est-ce qu'elle vendra plus de livres ?

Atividade C

As respostas podem variar. Respostas possíveis:
1 Marie travaillera au bureau demain.; 2 J'ai vendu le DVD hier.; 3 Quand est-ce qu'elle visitera le Royaume-Uni ?; 4 Quand est-ce que nous avons mangé une pizza ?

Atividade D
1 Quel est ton travail ?; 2 Pour qui est-ce que tu travailles ?; 3 Quel salaire souhaites-tu ?; 4 Quand est-ce qu'ils finiront le livre ?

Desafio

dur; souhaiter

Respostas das atividades

Unidade 10 Lição 1

Atividade A

1 b; 2 a; 3 b; 4 b

Atividade B

1 Oui, il peut s'aider.; 2 Il ne veut pas ramasser ses vêtements.; 3 Il veut ranger le placard.; 4 Ils peuvent nettoyer et repeindre ensemble.

Lição 2

Atividade A

As respostas podem variar. Respostas possíveis:
- **Ami** Est-ce que tu habites dans une maison ou un appartement ?
- **Moi** J'habite dans un appartement.
- **Ami** Combien de pièces y a-t-il ?
- **Moi** Il y a quatre pièces.
- **Ami** Quelles sont les pièces les plus grandes ?
- **Moi** Il y a la/les chambre(s), la salle à manger, la cuisine et la salle de séjour.

Atividade B

1 la salle de séjour; 2 la cuisine; 3 la chambre; 4 la salle de bain; 5 la salle à manger; 6 le placard

Lição 3

Atividade A

1 Peux-tu m'aider ?; 2 Non, je ne peux pas t'aider.; 3 Qu'est-ce que tu veux que je fasse ?; 4 Tout de suite.

Atividade B

1 Peux-tu m'aider ?; 2 Oui, je peux t'aider. Qu'est-ce que tu veux que je fasse ?; 3 Ramasse les vêtements.; 4 Tout de suite.

Lição 4

Atividade A

1 peut; 2 peut; 3 peuvent; 4 peut

Atividade B

Ramassez les vêtements !; Peignez la chambre !; Organisez le placard !; Nettoyez le sol !

Lição 5

Atividade A 1 a; 2 b; 3 a; 4 b

Atividade B

1 Chantal a passé une bonne semaine.; 2 Le concert a été très bien.; 3 Elle est allée en boîte.; 4 Elle est allée avec ton copain.

Atividade C

1 Avant-hier, mes amis et moi sommes allés à un concert de rock.; 2 Hier, ma mère et moi sommes allées dans un magasin pour acheter des vêtements.; 3 Ensuite, je suis allée en boîte avec mon copain et nous avons dansé toute la nuit.

Lição 6

Atividade A 1 le bar; 2 le cinéma; 3 le théâtre; 4 le concert

Atividade B

1 hier; 2 avant-hier; 3 la semaine dernière; 4 hier soir

Atividade C

(palavras cruzadas: 1 aujourd'hui; 2 hier; 3 samedi; 4 ainsi — *crossword with entries* aujourd, hier, samaine dernière, hier soir, avant hier)

Lição 7

Atividade A

1 Qu'est-ce que tu as fait la semaine dernière ?; 2 Qu'est-ce que tu veux faire ?; 3 Je veux sortir.; 4 Je veux rester à la maison.

Atividade B

1 **Édouard** Qu'est-ce que tu veux faire ce soir ?
2 **Manon** Je veux rester à la maison ce soir.
3 **Édouard** Mais moi, je ne veux pas rester à la maison. Veux-tu aller danser ?
4 **Manon** Je suis allée danser avec mes amies hier.
5 **Édouard** Veux-tu aller au cinéma?
6 **Manon** Nous sommes allés au cinéma hier soir.
7 **Édouard** Nous restons donc à la maison ce soir.
Édouard reste à la maison.

Sua vez As respostas podem variar.

Lição 8

Atividade A 1 a; 2 b; 3 b; 4 b

Atividade B 1 suis allé(e); 2 es allé(e); 3 est allé; 4 sommes allé(e)s; 5 sont allés; 6 sont allé(e)s

Atividade C 1 Eu fui a casa da minha mãe ontem à noite. 2 Você foi trabalhar ontem. 3 Ele foi à escola esta manhã. 4 Nós fomos ao show anteontem. 5 Eles foram ao cinema na última segunda. 6 Meus amigos foram a Bruxelas no ano passado.

Sua vez As respostas podem variar.

Revisão

Atividade A 1 toilette; 2 film; 3 danser; 4 peindre; 5 cuisine

Atividade B 1 b; 2 a; 3 b; 4 a

Atividade C 1 Vous êtes allés/allées à l'école.; 2 Où est-ce que tu es allé/allée ?; 3 Nous sommes allés/allées à la bibliothèque.; 4 Je suis allé/allée au restaurant.

Atividade D 1 Aide-moi nettoyer !; 2 Aidez-la !; 3 Ramasses ses vêtements !; 4 Ramassez ce livre !

Desafio 1 Peux-tu m'aider à nettoyer ?; 2 Pouvez-vous s'aider ? 3 Peux-tu ramasser ses vêtements ? 4 Pouvez-vous ramasser ce livre ?

Respostas das atividades

Unidade 11 Lição 1

Atividade A

1 a; 2 b; 3 b; 4 b

Atividade B

1 a; 2 b; 3 a

Lição 2

Atividade A

1 la natation; 2 le football; 3 le tennis; 4 le cyclisme

Atividade B

1 poids; 2 gras; 3 mince, saine; 4 stressé(e); 5 malade

Atividade C

1 b; 2 a; 3 a; 4 b

Lição 3

Atividade A

1 Je suis en bonne santé.; 2 Je veux être en forme.; 3 Je suis malade.; 4 Je veux perdre du poids.

Atividade B

1 a; 2 a; 3 b; 4 b; 5 a

Lição 4

Atividade A

1 Il va écrire.; 2 Je vais danser.; 3 Elles vont étudier.; 4 Nous allons jouer.; 5 Tu vas manger.; 6 Elle va courir.

Atividade B

1 Quand est-ce que tu vas regarder le film ?; 2. Quand est-ce qu'elle va me téléphoner ?; 3 Quand est-ce que nous allons habiter à Bruges ?; 4 Quand est-ce que Fabien va te téléphoner ?; 5 Quand est-ce que Émille et Arnaud vont boire de la bière ?; 6 Quand est-ce que vous allez manger du coq au vin ?

Sua vez

1 Il va pleuvoir.; 2 Ils vont manger.; 3 Il va jouer.; 4 Elle va écrire.

Lição 5

Atividade A

1 a; 2 a; 3 b; 4 a; 5 b

Atividade B

1 b; 2 b; 3 a; 4 b; 5 a

Atividade C

Les deux médicaments soignent la fièvre. Le médicament contre la toux soigne le mal de gorge, et la contre le rhume soigne le mal de tête et de gorge.

Lição 6

Atividade A

1 b; 2 b; 3 b; 4 a; 5 a

Atividade B

1. Il a mal au ventre.; 2 Elle a le rhume.; 3 Il a mal de tête.; 4 Elle a rage de dent.

Sua vez

As respostas podem variar. Respostas possíveis:
Tu as mal de gorge. Je vais vous donner une ordonnance.

Lição 7

Atividade A

As respostas podem variar. Respostas possíveis:
J'ai mal au ventre, et aussi j'ai de la fièvre. J'ai besoin de médicament.

Atividade B

As respostas podem variar. Respostas possíveis:
Réné Cartier a mal au ventre. Il a de la fièvre aussi. Il doit voir un médecin tout de suite.

Atividade C

1 main; 2 dos; 3 pied; 4 bras

Lição 8

Atividade A

As respostas podem variar.

Atividade B

1 Je suis parfois malade.; 2 Je vais au gymnase toujours.; 3 D'habitude, je suis en bonne santé.; 4 Je joue au tennis une fois par semaine.; 5 Je ne prends jamais le médicament.

Atividade C

1 Vas-tu aller au gymnase toujours le mardi ?;
2 Est-ce que Françoise joue au football toutes les semaines ?

Sua vez

As respostas podem variar.

Revisão

Atividade A

Je suis en bonne santé; Je ne vais pas aller chez le dentiste; Je n'ai pas au mal de ventre; Je veux aller chez le médecin; Je fais de la gymnastique parce que je veux prendre du poids.

Atividade B

1 J'ai mal de tête.; 2 Je vais habiter en France.; 3 Je cours deux fois par semaine.; 4 Thierry va courir au parc.; 5 Nous allons manger les sandwiches.; 6 J'ai mal au pied.

Atividade C

1 cyclisme; 2 tennis; 3 mal de tête; 4 médicament; 5 fièvre; 6 dentiste

Desafio

As respostas podem variar.

Créditos das fotos

Miolo

p. 10: (TL) © Oraneg Line Media 2008/Shutterstock, Inc., (TR) © Jason Stitt 2008/Shutterstock, Inc., (RC) © Jason Stitt 2008/Shutterstock, Inc., (BR) © Edyta Pawlowska 2008/Shutterstock, Inc.; p. 11: (TR) © Yuri Arcurs 2008/Shutterstock, Inc., (TRC) © Dmitriy Shironosov 2008/Shutterstock, Inc., (BRC) © 2008 Jupiter Images, Inc., (BR) © 2008 Jupiter Images, Inc.; p. 12: (TL) © Raia 2008/Shutterstock, Inc., (TR) © ZTS 2008/Shutterstock, Inc., (B, Bkgrd) © Lars Christensen 2008/Shutterstock, Inc., (BL, Inset) © Sean Nel 2008/Shutterstock, Inc., (BLC, Inset) © Elena Elisseeva 2008/Shutterstock, Inc., (BRC, Inset) © movit 2008/Shutterstock, Inc., (BR, Inset) © Daniel Leppens 2008/Shutterstock, Inc.; p. 13: (TL) © Lisa F. Young 2008/Shutterstock, Inc., (TRC) © 2008 Jupiter Images, Inc., (TR) © 2008 Jupiter Images, Inc., (CL) © Bobby Deal 2008/Shutterstock, Inc., (CLC) © 2008 Jupiter Images, Inc., (CRC) © Yuri Arcurs 2008/Shutterstock, Inc., (CR) © 2008 Jupiter Images, Inc., (BLL) © 2008 Jupiter Images, Inc., (BL) © Yuri Arcurs 2008/Shutterstock, Inc., (BLC) © Konstantynov 2008/Shutterstock, Inc., (BR) © Andresr 2008/Shutterstock, Inc.; p. 15: (TL) © Sandra G 2008/Shutterstock, Inc., (TRC) © Lukas Wroblewski 2008/Shutterstock, Inc., (TR) © Pilar Echevarria 2008/Shutterstock, Inc., (CRT) © Robyn Mackenzie 2008/Shutterstock, Inc., (CRB) © Edyta Pawlowska 2008/Shutterstock, Inc., (BL) © 2008 Jupiter Images, Inc., (BLT) © photobank.ch 2008/Shutterstock, Inc., (BLC) © Supri Suharjoto 2008/Shutterstock, Inc., (BLB) © Niels Quist 2008/Shutterstock, Inc., (BRC) © Daniel Wiedemann 2008/Shutterstock, Inc.; p. 16: © Vladislav Gurfinkel 2008/Shutterstock, Inc.; p. 17: (T) © Yuri Arcurs 2008/Shutterstock, Inc., (BL) © Andre Nantel 2008/Shutterstock, Inc., (BR) © Dmitriy Shironosov 2008/Shutterstock, Inc.; p. 18: © St. Nick 2008/Shutterstock, Inc.; p. 19: (TL, Inset) © Pavel Sazonov 2008/Shutterstock, Inc., (TLC, Inset) © Alfgar 2008/Shutterstock, Inc., (TRC, Inset) © Carmen Ruiz 2008/Shutterstock, Inc., (TR, Inset) © 2008 Jupiter Images, Inc., (C) © Doug Raphael 2008/Shutterstock, Inc., (BL, Inset) © Galina Barskaya 2008/Shutterstock, Inc., (BLC, Inset) © Scott A. Frangos 2008/Shutterstock, Inc., (BRC, Inset) © Jacek Chabraszewski 2008/Shutterstock, Inc., (BR, Inset) © Elena Elisseeva 2008/Shutterstock, Inc., (BR) © Kiselev Andrey Valerevich 2008/Shutterstock, Inc.; p. 20: (TLL) © Photobank.ch 2008/Shutterstock, Inc., (TLC) © Yuri Arcurs 2008/Shutterstock, Inc., (TLR) © vgstudio 2008/Shutterstock, Inc., (TR, Bkgrd) © Iofoto 2008/Shutterstock, Inc., (TR, Inset) © Stacy Barnett 2008/Shutterstock, Inc., (CLL) © BESTWEB 2008/Shutterstock, Inc., (CLC) © Lexx 2008/Shutterstock, Inc., (CLR) © Alexey Nikolaew 2008/Shutterstock, Inc., (LL, Inset) © Kristian Sekulic 2008/Shutterstock, Inc., (LC, Inset) © Sandy Maya Matzen 2008/Shutterstock, Inc., (C, Inset) © Galina Barskaya 2008/Shutterstock, Inc., (R, Bkgrd) © Arthur Eugene Preston 2008/Shutterstock, Inc., (RC, Inset) © Rob Wilson 2008/Shutterstock, Inc., (RR, Inset) © Luminis 2008/Shutterstock, Inc.,(BLL) © Vladimir Melnik 2008/Shutterstock, Inc., (BLC) © Denise Kappa 2008/Shutterstock, Inc., (BLR) © MalibuBooks 2008/Shutterstock, Inc., (BCL) © fckncg 2008/Shutterstock, Inc., (BCR) © Hannu Lilvaar 2008/Shutterstock, Inc., (B) © James Steidl 2008/Shutterstock, Inc.; p. 21: (T) © Nagy-Bagoly Arpad 2008/Shutterstock, Inc., (TR) © Velychko 2008/Shutterstock, Inc. (L) © Yuri Arcurs 2008/Shutterstock, Inc., (CL) © Dmitriy Shironosov 2008/Shutterstock, Inc., (CRL) © Erik Lam 2008/Shutterstock, Inc., (CRC) © Suponev Vladimir Mihajlovich 2008/Shutterstock, Inc., (CRR) © mlorenz 2008/Shutterstock, Inc., (B) © Vaclav Volrab 2008/Shutterstock, Inc., (BR) © Doug Raphael 2008/Shutterstock, Inc.; p. 22: (TL) © Andresr 2008/Shutterstock, Inc., (TR) © Ustyujanin 2008/Shutterstock, Inc., (CLT) © Andrey Armyagov 2008/Shutterstock, Inc., (CLB) © Rafa Irusta 2008/Shutterstock, Inc., (CRL) © Margo Harrison 2008/Shutterstock, Inc., (CR) © Yuri Arcurs 2008/Shutterstock, Inc., (CRR) © Hannu Lilvaar 2008/Shutterstock, Inc., (CRB) © melkerw 2008/Shutterstock, Inc., (BL) © BESTWEB 2008/Shutterstock, Inc., (BLC) © ene 2008/Shutterstock, Inc., (BR) © Kiselev Andrey Valerevich 2008/Shutterstock, Inc.; p. 23: © Sam DCruz 2008/Shutterstock, Inc.; p. 24: (TL) © Scott Waldron 2008/Shutterstock, Inc., (BR) © Liv Friis-larsen 2008/Shutterstock, Inc.; p. 25: (TL) © 2008 Jupiter Images, Inc., (TRC) © J2008 upiter Images, Inc., (TR) © J2008 upiter Images, Inc., (C) © Aga_Rafi 2008/Shutterstock, Inc., (BL) © Andy Lim 2008/Shutterstock, Inc., (BRC) © J2008 upiter Images, Inc., (BR) © J2008 upiter Images, Inc.; p. 26: (TL) © 2008 Jupiter Images, Inc., (TR) © Monkey Business Images 2008/Shutterstock, Inc., (RC) © Andrejs Pidjass 2008/Shutterstock, Inc., (BR) © Donna Heatfield 2008/Shutterstock, Inc.; p. 27: (TL) © Nick Stubbs 2008/Shutterstock, Inc., (TLC) © Daniela Mangiuca 2008/Shutterstock, Inc., (LCL) © Tomasz Pietryszek 2008/Shutterstock, Inc., (LC) © Philip Date 2008/Shutterstock, Inc., (LCR) © Michael Ransburg 2008/Shutterstock, Inc., (BL) © Raia 2008/Shutterstock, Inc.; p. 28: (T, Bkgrd) © yurok 2008/Shutterstock, Inc., (T, Inset) © 2008 Jupiter Images, Inc., (L, Inset) © Stephen Mcsweeny 2008/Shutterstock, Inc., (C, Inset) © Michelle Marsan 2008/Shutterstock, Inc., (CR) © MaxFX 2008/Shutterstock, Inc., (R, Inset) © Tatiana Strelkova 2008/Shutterstock, Inc., (R) © Steve Luker 2008/Shutterstock, Inc., (BC) © MaxFX 2008/Shutterstock, Inc., (BRC) © Steve Luker 2008/Shutterstock, Inc., (BR) © Bart Everett 2008/Shutterstock, Inc.; p. 29: (TL) © Andresr 2008/Shutterstock, Inc., (TR) © laurent hamels 2008/Shutterstock, Inc., (BR) © Fatini Zulnaidi 2008/Shutterstock, Inc.; p. 30: (TL) © Konstantin Remizov 2008/Shutterstock, Inc., (BL) © Leo Blanchette 2008/Shutterstock, Inc.; p. 31: (TRC) © 2008 Jupiter Images, Inc., (TR) © Dmitriy Shironosov 2008/Shutterstock, Inc., (LC) © 2008 Jupiter Images, Inc., (RC) © Larisa Lofitskaya 2008/Shutterstock, Inc., (BL) © Marina Krasnorutskaya 2008/Shutterstock, Inc., (BRC) © Carlo Dapino 2008/Shutterstock, Inc., (BR) © as-foto 2008/Shutterstock, Inc.; p. 32: (T) © Rafa Irusta 2008/Shutterstock, Inc., (TL) © Orange Line Media 2008/Shutterstock, Inc., (TLC) © 2008 Jupiter Images, Inc., ., (TRC) © Stephen Coburn 2008/Shutterstock, Inc., (TR) © Gina Sanders 2008/Shutterstock, Inc., (CL) © tinatka 2008/Shutterstock, Inc., (CR) © Elena Ray 2008/Shutterstock, Inc., (BL) © George Dolgikh 2008/Shutterstock, Inc., (BC) © David Hyde 2008/Shutterstock, Inc., (BRC) © J. Helgason 2008/Shutterstock, Inc., (BR) © 2happy 2008/Shutterstock, Inc.; p. 34: (TR) © Jakez 2008/Shutterstock, Inc., (B) © Phil Date 2008/Shutterstock, Inc.; p. 35: (T) © Dmitriy Shironosov 2008/Shutterstock, Inc., (TRC) © Simone van den Berg 2008/Shutterstock, Inc., (TR) © 2008 Jupiter Images, Inc., (BLC) © Tomasz Trojanowski 2008/Shutterstock, Inc., (BR) © Stephen Mcsweeny 2008/Shutterstock, Inc.; p. 36: (BL) © Mike Flippo 2008/Shutterstock, Inc., (BR) © Pakhnyushcha 2008/Shutterstock, Inc.; p. 37: (T) © Christian Wheatley 2008/Shutterstock, Inc., (TL) © Simon Krzic 2008/Shutterstock, Inc., (TLC) © Edyta Pawlowska 2008/Shutterstock, Inc., (TC) © MWProductions 2008/Shutterstock, Inc., (TRC) © Dusaleev Viatcheslav 2008/Shutterstock, Inc., (TR) © Olga Lyubkina 2008/Shutterstock, Inc.; p. 38: (Bkgrd) © khz 2008/Shutterstock, Inc., (CL) © Andresr 2008/Shutterstock, Inc., (CR) © T-Design 2008/Shutterstock, Inc., (B) © Ivan Jelisavic 2008/Shutterstock, Inc., (BL) © Jason Stitt 2008/Shutterstock, Inc., (BR) © Dimitrije Paunovic 2008/Shutterstock, Inc.; p. 39: (TL) © Vibrant Image Studio 2008/Shutterstock, Inc., (TRC) © Jeanne Hatch 2008/Shutterstock, Inc., (TR) © Ersler Dmitry 2008/Shutterstock, Inc., (L) © iofoto 2008/Shutterstock, Inc., (CL) © iofoto 2008/Shutterstock, Inc., (BL) © iofoto 2008/Shutterstock, Inc., (BRC) © Jaren Jai Wicklund 2008/Shutterstock, Inc., (BR) © Adam Borkowski 2008/Shutterstock, Inc.; p. 40: (TL) © Lisa F. Young 2008/Shutterstock, Inc., (TRC) © Martin Valigursky 2008/Shutterstock, Inc., (TR) © Monkey Business Images 2008/Shutterstock, Inc., (R) © Sonya Etchison 2008/Shutterstock, Inc., (RCT) © Vibrant Image Studio 2008/Shutterstock, Inc., (RCB) © Monkey Business Images 2008/Shutterstock, Inc., (BRC) © Denise Kappa 2008/Shutterstock, Inc., (BR) © Monkey Business Images 2008/Shutterstock, Inc.; p. 41: (TL) © Evgeny V. Kan 2008/Shutterstock, Inc., (TR) © Carme Balcells 2008/Shutterstock, Inc., (L) © Sandra G 2008/Shutterstock, Inc., (LC) © Kurhan 2008/Shutterstock, Inc., (RC) © Simon Krzic 2008/Shutterstock, Inc., (R) © Carme Balcells 2008/Shutterstock, Inc., (BL) © Lexx 2008/Shutterstock, Inc., (C) © Konstantin Sutyagin 2008/Shutterstock, Inc., (BLC) © Allgord 2008/Shutterstock, Inc., (BRC) © Sandra G 2008/Shutterstock, Inc., (BR) © Andriy Goncharenko 2008/Shutterstock, Inc., (BBL) © Dagmara Ponikiewska 2008/Shutterstock, Inc., (BBR) © KSR 2008/Shutterstock, Inc.; p. 42: (TL) © Lisa F. Young 2008/Shutterstock, Inc., (B) © Elena Ray 2008/Shutterstock, Inc., (BL) © Najin 2008/Shutterstock, Inc., (BR) © Elena Ray 2008/Shutterstock, Inc.; p. 43: (TL) © Losevsky Pavel 2008/Shutterstock, Inc., (TR) © Ustyujanin 2008/Shutterstock, Inc., (B) © Elena Ray 2008/Shutterstock, Inc., (BL) © Elena Ray 2008/Shutterstock, Inc., (BLC) © Vitezslav Halamka 2008/Shutterstock, Inc., (BRC) © Vitezslav Halamka 2008/Shutterstock, Inc., (BR) © Robin Mackenzie 2008/Shutterstock, Inc.; p. 44: (TL) © Serghei Starus 2008/Shutterstock, Inc., (TLC) © Jaimie Duplass 2008/Shutterstock, Inc., (BL) © Rui Vale de Sousa 2008/Shutterstock, Inc., (BLC) © Steve Snowden 2008/Shutterstock, Inc., (BR) © 2008 Jupiter Images, Inc.; p. 45: (TL) © Monkey Business Images 2008/Shutterstock, Inc., (TR) © Sandra G 2008/Shutterstock, Inc., (BL) © Monkey Business Images 2008/Shutterstock, Inc., (BR) © Konstantin Sutyagin 2008/Shutterstock, Inc.; p. 46: (TL) © Sergey Rusakov 2008/Shutterstock, Inc., (TLC) © Joe Gough 2008/Shutterstock, Inc., (TRC) © Valentyn Volkov 2008/Shutterstock, Inc., (TR) © RexRover 2008/Shutterstock, Inc., (CR) © Rudchenko Liliia 2008/Shutterstock, Inc., (R) © imageZebra 2008/Shutterstock, Inc., (BL) © Ljupco Smokovski 2008/Shutterstock, Inc., (BLC) © Peter Polak 2008/Shutterstock, Inc., (BRC) © Edyta Pawlowska 2008/Shutterstock, Inc., (BR) © Edyta Pawlowska 2008/Shutterstock, Inc.; p. 47: (TL) © Edyta Pawlowska 2008/Shutterstock, Inc., (TRC) © Dusan Zidar 2008/Shutterstock, Inc., (TR) © Supri Suharjoto 2008/Shutterstock, Inc., (R) © Edw 2008/Shutterstock, Inc., (RC) © Monkey Business Images 2008/Shutterstock, Inc., (BLC) © JanP 2008/Shutterstock, Inc., (BR) © 2008 Jupiter Images, Inc.; p. 48: (TL) © Ana Blazic 2008/Shutterstock, Inc., (TR) © Alexander Shalamov 2008/Shutterstock, Inc., (R) © Phil Date 2008/Shutterstock, Inc., (BL) © Galina Barskaya 2008/Shutterstock, Inc., (BR) © Dragan Trifunovic 2008/Shutterstock, Inc.; p. 49: (TL) © Steve Luker 2008/Shutterstock, Inc., (BL) © Andre Nantel 2008/Shutterstock, Inc.; p. 50: (TL) © 2008 Jupiter Images, Inc., (TLC) © Viktor1 2008/Shutterstock, Inc., (TRC) © Robyn Mackenzie 2008/Shutterstock, Inc., (TR) © Joe Gough 2008/Shutterstock, Inc., (L) © Jackie Carvey 2008/Shutterstock, Inc., (LC) © Anna Nizami 2008/Shutterstock, Inc., (B) © Andrejs Pidjass 2008/Shutterstock, Inc., (BL) © Sarune Zurbaite 2008/Shutterstock, Inc., (BLC) © Bochkarev Photography 2008/Shutterstock, Inc., (BRC) © Liv Friis-Larsen 2008/Shutterstock, Inc., (BR) © Kheng Guan Toh 2008/Shutterstock, Inc.; p. 51: (TL) © Rene Jansa 2008/Shutterstock, Inc., (TRC) © Joe Gough 2008/Shutterstock, Inc., (TR) © Valentin Mosichev 2008/Shutterstock, Inc., (CR) © Olga Lyubkina 2008/Shutterstock, Inc., (R) © Joe Gough 2008/Shutterstock, Inc., (BL) © 2008 Jupiter Images, Inc., (BRC) © Paul Maguire 2008/Shutterstock, Inc., (BR) © Viktor1 2008/Shutterstock, Inc.; p. 52: (TL) © 2008 Jupiter Images, Inc., (BL) © Robyn Mackenzie 2008/Shutterstock, Inc., (BR) © Keith Wheatley 2008/Shutterstock, Inc.; p. 53: (TL) © Lisa F. Young 2008/Shutterstock, Inc., (BL) © David P. Smith 2008/Shutterstock, Inc., (BLC) © Dusan Zidar 2008/Shutterstock, Inc., (BRC) © David P. Smith 2008/Shutterstock, Inc., (BR) © Monkey Business Images 2008/Shutterstock, Inc.; p. 54: (TL) © Stepanov 2008/Shutterstock, Inc., (TLC) © Ilker Canikligil 2008/Shutterstock, Inc., (CL) © Joe Gough 2008/Shutterstock, Inc., (CLC) © Bjorn Heller 2008/Shutterstock, Inc., (R) © Darren Baker 2008/Shutterstock, Inc.; p. 55: (TL) © Konstantin Sutyagin 2008/Shutterstock, Inc.,

Créditos das fotos

(TLC) © Monkey Business Images 2008/Shutterstock, Inc., (BC) © Mark Bond 2008/Shutterstock, Inc., (BRC) © David H. Seymour 2008/Shutterstock, Inc., (BR) © 2008 Jupiter Images, Inc.; p. 56: (T) © Victor Burnside 2008/Shutterstock, Inc., (TL) © Marcel Mooij 2008/Shutterstock, Inc., (L) © MaxFX 2008/Shutterstock, Inc., (LC) © Zoom Team 2008/Shutterstock, Inc., (RC) © Cappi Thompson 2008/Shutterstock, Inc., (TR) © Ekaterina Starshaya 2008/Shutterstock, Inc., (TRC) © Zaporozchenko Yury 2008/Shutterstock, Inc., (BRC) © Ronald van der Beek 2008/Shutterstock, Inc., (BR) © Yakobchuk Vasyl 2008/Shutterstock, Inc.; p. 57: (TL) © Kruchankova Maya 2008/Shutterstock, Inc., (TRC) © Kristian Sekulic 2008/Shutterstock, Inc., (TR) © Yuri Arcurs 2008/Shutterstock, Inc., (CB) © iofoto 2008/Shutterstock, Inc., (CT) © Khafizov Ivan Harisovich 2008/Shutterstock, Inc., (R, Bkgrd) © Jeff Gynane 2008/Shutterstock, Inc., (R, Inset) © J2008 upiter Images, Inc., (BR) © Navita 2008/Shutterstock, Inc.; p. 58: (TL) © Simone van den Berg 2008/Shutterstock, Inc., (TR) © Dwight Smith 2008/Shutterstock, Inc.; p. 59: (TL) © Val Thoermer 2008/Shutterstock, Inc., (BRC) © Andresr 2008/Shutterstock, Inc., (BR) © Lorraine Swanson 2008/Shutterstock, Inc.; p. 60: (TL) © Ilike 2008/Shutterstock, Inc., (L) © 2008 Jupiter Images, Inc., (LC) © Kiselev Andrey Valrevich 2008/Shutterstock, Inc., (BL) © Anton Gvozdikov 2008/Shutterstock, Inc., (BLC) © Liv Friis-Larsen 2008/Shutterstock, Inc., (BR) © Patrick Breig 2008/Shutterstock, Inc.; p. 61: (T) © Anatoliy Samara 2008/Shutterstock, Inc., (TL) © Patricia Hofmeester 2008/Shutterstock, Inc., (TRC) © Austra 2008/Shutterstock, Inc., (TR) © Michael Nguyen 2008/Shutterstock, Inc., (LC) © yuyuangc 2008/Shutterstock, Inc., (BL) © Robyn Mackenzie 2008/Shutterstock, Inc., (BRC) © Andrew N. Ilyasov 2008/Shutterstock, Inc., (BR) © miskolin 2008/Shutterstock, Inc.; p. 62: (T) © Dimitri 2008/Shutterstock, Inc., (TC) © Yuri Arcurs 2008/Shutterstock, Inc., (BC) © Yuri Arcurs 2008/Shutterstock, Inc., (B) © konstantynov 2008/Shutterstock, Inc.; p. 63: (TL) © Doug Baines 2008/Shutterstock, Inc., (TLC) © Jan Martin Will 2008/Shutterstock, Inc., (BL) © Monkey Business Images 2008/Shutterstock, Inc., (BLC) © Perry Correll 2008/Shutterstock, Inc.; p. 64: (TL) © Carlos E. Santa Maria 2008/Shutterstock, Inc., (BL) © Gladskikh Tatiana 2008/Shutterstock, Inc., (RTL) © istihza 2008/Shutterstock, Inc., (RT) © Andrey Armyagov 2008/Shutterstock, Inc., (RTR) © Letova 2008/Shutterstock, Inc., (RCL) © Terekhov Igor 2008/Shutterstock, Inc., (RC) © Terekhov Igor 2008/Shutterstock, Inc., (RCR) © Terekhov Igor 2008/Shutterstock, Inc., (RBL) © Letova 2008/Shutterstock, Inc., (RB) © Letova 2008/Shutterstock, Inc., (RBR) © istihza 2008/Shutterstock, Inc.; p. 65: (T) © Andrey Armyagov 2008/Shutterstock, Inc., (B) © Janos Gehring 2008/Shutterstock, Inc.; p. 66: (TL) © Losevsky Pavel 2008/Shutterstock, Inc., (TLC) © Apollofoto 2008/Shutterstock, Inc., (TC) © Yuri Arcurs 2008/Shutterstock, Inc., (TRC) © Peter Gudella 2008/Shutterstock, Inc., (TR) © Andresr 2008/Shutterstock, Inc., (L) © Kurhan 2008/Shutterstock, Inc., (LC) © Andrew Lewis 2008/Shutterstock, Inc., (RC) © istihza 2008/Shutterstock, Inc., (BL) © Dario Sabljak 2008/Shutterstock, Inc., (BLC) © R. Gino Santa Maria 2008/Shutterstock, Inc., (BRC) © Eleonora Kolomiyets 2008/Shutterstock, Inc., (BR) © maxstockphoto 2008/Shutterstock, Inc.; p. 67: (T) © Chin Kit Sen 2008/Shutterstock, Inc., (B) © Simone van den Berg 2008/Shutterstock, Inc.; p. 68: (LC) © Dmitriy Shironosov 2008/Shutterstock, Inc., (RC) © Kenneth Cheung 2008/Shutterstock, Inc., (BR) © Loannis Loannou 2008/Shutterstock, Inc.; p. 69: (TL) © Stanislav Mikhalev 2008/Shutterstock, Inc., (TRC) © stocksnapp 2008/Shutterstock, Inc., (TR) © Ali Ender Birer 2008/Shutterstock, Inc., (BRC) © Olga&Elnur 2008/Shutterstock, Inc., (BR) © GoodMood Photo 2008/Shutterstock, Inc.; p. 70: (TL) © Pazol 2008/Shutterstock, Inc., (TR) © 2008 Jupiter Images, Inc., (B) © Tomasz Trojanowski 2008/Shutterstock, Inc., (BL) © Jill Battaglia 2008/Shutterstock, Inc., (BR, Bkgrd) © Andresr 2008/Shutterstock, Inc., (BR, Inset) © Rafael Ramirez Lee 2008/Shutterstock, Inc.; p. 71: (TL) © Jason Stitt 2008/Shutterstock, Inc., (BL) © Dario Sabljak 2008/Shutterstock, Inc., (BLC) © Olexander Nerubayev 2008/Shutterstock, Inc., (BRC) © Mike Flippo 2008/Shutterstock, Inc., (BR) © Andrejs Pidjass 2008/Shutterstock, Inc.; p. 72: (LTL) © Vasina Natalia 2008/Shutterstock, Inc., (LTLC) © Eleonora Kolomiyets 2008/Shutterstock, Inc., (LTRC) © Letova 2008/Shutterstock, Inc., (LTR) © Letova 2008/Shutterstock, Inc., (LBL) © Dario Sabljak 2008/Shutterstock, Inc., (LBLC) © Serg64 2008/Shutterstock, Inc., (LBRC) © Baloncici 2008/Shutterstock, Inc., (LBR) © ultimathule 2008/Shutterstock, Inc., (RTL) © Oddphoto 2008/Shutterstock, Inc., (RTR) © istihza 2008/Shutterstock, Inc., (RCL) © Vasina Natalia 2008/Shutterstock, Inc., (RBL) © c. 2008/Shutterstock, Inc., (RBR) © Stephen Bonk 2008/Shutterstock, Inc.; p. 73: (TL) © Factoria singular fotografia 2008/Shutterstock, Inc., (TR) © Jose Correia Marafona 2008/Shutterstock, Inc., (RC) © Junial Enterprises 2008/Shutterstock, Inc., (BR) © Kristian Sekulic 2008/Shutterstock, Inc.; p. 74: (TL) © 2008 Jupiter Images, Inc., (TLC) © 2008 Jupiter Images, Inc., (TRC) © 2008 Jupiter Images, Inc., (TR) © 2008 Jupiter Images, Inc., (CL) © 2008 Jupiter Images, Inc., (C) © 2008 Jupiter Images, Inc., (CR) © 2008 Jupiter Images, Inc., (B) © Phil Date 2008/Shutterstock, Inc (BL) © 2008 Jupiter Images, Inc., (BR) © 2008 Jupiter Images, Inc.; p. 75: (TL) © Diego Cervo 2008/Shutterstock, Inc., (TC) © Vibrant Image Studio 2008/Shutterstock, Inc., (C) © Mikael Damkier 2008/Shutterstock, Inc., (BC) © Blaz Kure 2008/Shutterstock, Inc., (BR) © Factoria singular fotografia 2008/Shutterstock, Inc.; p. 76: (TL) © prism_68 2008/Shutterstock, Inc., (TRC) © bhowe 2008/Shutterstock, Inc., (TR) © Losevsky Pavel 2008/Shutterstock, Inc., (RC) © Elena Elisseeva 2008/Shutterstock, Inc., (BRC) © Russell Shively 2008/Shutterstock, Inc., (BR) © Mark Stout Photography 2008/Shutterstock, Inc.; p. 77: © Yuri Arcurs 2008/Shutterstock, Inc.; p. 78: (TLL) © LesPalenik 2008/Shutterstock, Inc., (TLR) © Andresr 2008/Shutterstock, Inc., (TRC) © Danny Smythe 2008/Shutterstock, Inc., (TR) © Darryl Brooks 2008/Shutterstock, Inc., (CL) © dubassy 2008/Shutterstock, Inc., (RC) © Rob Wilson 2008/Shutterstock, Inc., (BR) © kozvic49 2008/Shutterstock, Inc., (BRC) © vm 2008/Shutterstock, Inc.; p. 79: (TL) © Robert Paul van Beets 2008/Shutterstock, Inc., (R) © Hu Xiao Fang 2008/Shutterstock, Inc., (BL) © Sergiy Goruppa 2008/Shutterstock, Inc.; p. 80: (TL) © 2008 Jupiter Images, Inc., (TR) © Simone van den Berg 2008/Shutterstock, Inc., (CR) © Howard Sandler 2008/Shutterstock, Inc., (BC) © Johnathan Larsen 2008/Shutterstock, Inc., (BR) © Pinkcandy 2008/Shutterstock, Inc.; p. 81: © Doug Raphael 2008/Shutterstock, Inc.; p. 82: (TR) © Jose AS Reyes 2008/Shutterstock, Inc., (L) © Zsolt Nyulaszi 2008/Shutterstock, Inc.; p. 83: (TL) © 2008 Jupiter Images, Inc., (RC) © 2008 Jupiter Images, Inc., (BLC) © Darko Novakovic 2008/Shutterstock, Inc., (BR) © 2008/Shutterstock, Inc.; p. 84: (TL) © Janos Gehring 2008/Shutterstock, Inc., (L) © 2008 Jupiter Images, Inc., (LC) © Monkey Business Images 2008/Shutterstock, Inc., (R) © Tatiana Popova 2008/Shutterstock, Inc., (BL) © 2008 Jupiter Images, Inc., (BLC) © Pedro Nogueira 2008/Shutterstock, Inc., (BRC) © netbritish 2008/Shutterstock, Inc., (BR) © Laser222 2008/Shutterstock, Inc.; p. 85: © 2008 Jupiter Images, Inc.; p. 86: (TL) © khz 2008/Shutterstock, Inc., (BR) © 2008 Jupiter Images, Inc.; p. 87: (TL) © 2008 Jupiter Images, Inc., (TR) © Rob Byron 2008/Shutterstock, Inc., (BR) © Andresr 2008/Shutterstock, Inc.; p. 88: (TL) © 2008 Jupiter Images, Inc., (B) © 2008 Jupiter Images, Inc., (BL) © 2008 Jupiter Images, Inc., (BLC) © 2008 Jupiter Images, Inc.; p. 89: (TL) © Simone van den Berg 2008/Shutterstock, Inc., (BL) © 2008 Jupiter Images, Inc., (BLC) © Katrina Brown 2008/Shutterstock, Inc., (BRC) © Avner Richard 2008/Shutterstock, Inc., (BR) © Natalia Siverina 2008/Shutterstock, Inc.; p. 90: (TL) © Rob Byron 2008/Shutterstock, Inc., (R) © Studio Araminta 2008/Shutterstock, Inc.; p. 91: (TL) © Kristian Sekulic 2008/Shutterstock, Inc., (TR) © Tyler Olson 2008/Shutterstock, Inc.; p. 92: (TL) © INgvald Kaldhussater 2008/Shutterstock, Inc., (TRC) © Sklep Spozywczy 2008/Shutterstock, Inc., (TR) © Kaulitz 2008/Shutterstock, Inc., (R) © Henrik Andersen 2008/Shutterstock, Inc., (RC) © Phase4Photography 2008/Shutterstock, Inc., (B) © Chris Rodenberg Photography 2008/Shutterstock, Inc., (BRC) © Semjonow Juri 2008/Shutterstock, Inc., (BR) © Konstantin Sutyagin 2008/Shutterstock, Inc.; p. 93: (TL) © 2008 Jupiter Images, Inc., (TR) © 2008 Jupiter Images, Inc., (BRC) © 2008 Jupiter Images, Inc., (BR) © 2008 Jupiter Images, Inc.; p. 94: (T) © Tomasz Trojanowski 2008/Shutterstock, Inc., (TL) © Gelpi 2008/Shutterstock, Inc., (TLC) © Nikolay Tarkhanov 2008/Shutterstock, Inc., (TRC) © 2008 Jupiter Images, Inc., (TR) © Matka Wariatka 2008/Shutterstock, Inc., (BL) © Glenda M. Powers 2008/Shutterstock, Inc., (BLC) © Andresr 2008/Shutterstock, Inc., (BRC, Bkgrd) © Howard Sandler 2008/Shutterstock, Inc., (BRC, Inset) © Losevsky Pavel 2008/Shutterstock, Inc., (BR) © Bill Lawson 2008/Shutterstock, Inc.; p. 95: (TL) © Darren Baker 2008/Shutterstock, Inc., (L) © Elena Schweitzer 2008/Shutterstock, Inc., (BR) © Yuri Arcurs 2008/Shutterstock, Inc.; p. 96: (TL) © Noah Galen 2008/Shutterstock, Inc., (L) © Monkey Business Images 2008/Shutterstock, Inc., (LC) © 2008 Jupiter Images, Inc., (BL, Bkgrd) © Clara Natoli 2008/Shutterstock, Inc., (BL, Inset) © 2008 Jupiter Images, Inc., (BLC) © Alexandru 2008/Shutterstock, Inc., (BR) © Martin Czamanske 2008/Shutterstock, Inc.; p. 97: (TL) © Nadezhda Bolotina 2008/Shutterstock, Inc., (BL) © Wayne Johnson 2008/Shutterstock, Inc.; p. 99: (T) © Denis Babenko 2008/Shutterstock, Inc., (TC) © Jon Le-Bon 2008/Shutterstock, Inc., (C) © Yuri Arcurs 2008/Shutterstock, Inc., (B) © Baloncici 2008/Shutterstock, Inc., (BC) © Orange Line Media 2008/Shutterstock, Inc.; p. 100: (TL, Bkgrd) © adv 2008/Shutterstock, Inc., (TL, Inset) © 2008 Jupiter Images, Inc., (TRC) © Stefan Glebowski 2008/Shutterstock, Inc., (TR) © Gareth Leung 2008/Shutterstock, Inc., (LC) © dragon_fang 2008/Shutterstock, Inc.; p. 101: (TL) © Stanislav Mikhalev 2008/Shutterstock, Inc., (L) © Lee Torrens 2008/Shutterstock, Inc., (LC) © 2008 Jupiter Images, Inc., (BL) © 2008 Jupiter Images, Inc., (BLC) © Val Thoermer 2008/Shutterstock, Inc., (BR) © 2008 Jupiter Images, Inc.; p. 102: (TL) © Andresr 2008/Shutterstock, Inc., (TLC) © 2008 Jupiter Images, Inc., (TRC) © Eric Gevaert 2008/Shutterstock, Inc., (TR) © Multiart 2008/Shutterstock, Inc., (RC) © aceshot1 2008/Shutterstock, Inc., (B) © vgstudio 2008/Shutterstock, Inc., (BRC) © 2008 Jupiter Images, Inc., (BR) © Yuri Arcurs 2008/Shutterstock, Inc.; p. 103: (TRC) © 2008 Jupiter Images, Inc., (TR) © iofoto 2008/Shutterstock, Inc., (BL) © bluliq 2008/Shutterstock, Inc., (BRC) © Glen Jones 2008/Shutterstock, Inc., (BR) © Dragan Trifunovic 2008/Shutterstock, Inc.; p. 104: (TL) © Photos by ryasick 2008/Shutterstock, Inc., (TR) © Charles Shapiro 2008/Shutterstock, Inc., (BL) © Diana Lundin 2008/Shutterstock, Inc., (BR) © Soca 2008/Shutterstock, Inc.; p. 105: (TL) © Lisa F. Young 2008/Shutterstock, Inc., (TRC) © Diana Lundin 2008/Shutterstock, Inc., (TR) © Aleksandar Todorovic 2008/Shutterstock, Inc., (BL) © Ovidiu Iordachi 2008/Shutterstock, Inc., (BRC) © 2008 Jupiter Images, Inc., (BR) © Jaimie Duplass 2008/Shutterstock, Inc.; p. 106: (TL) © Paul B. Moore 2008/Shutterstock, Inc., (TRC) © Monkey Business Images 2008/Shutterstock, Inc., (TR) © 2008 Jupiter Images, Inc., (BL) © Kameel4u 2008/Shutterstock, Inc., (BRC) © 2008 Jupiter Images, Inc., (BR) © 2008 Jupiter Images, Inc.; p. 107: © vgstudio 2008/Shutterstock, Inc.; p. 108: (T) © empipe 2008/Shutterstock, Inc., (TC) © Denis Pepin 2008/Shutterstock, Inc., (TCC) © Anna Dzondzua 2008/Shutterstock, Inc., (BCC) © Morgan Lane Photography 2008/Shutterstock, Inc., (BC) © 2008 Jupiter Images, Inc., (B) © Svemir 2008/Shutterstock, Inc.

Notas

Notas

Notas

Notas

Notas

Notas